# 物語がつむぐ心理臨床

こころの花に水をやる仕事



三宅朝子 著

[オンデマンド版]

tomi shobo
遠見書房

# 序

成田善弘

校正刷の「はじめに」を見たら、冒頭に「この本は入門書である」とあったので、ちょっと心配になった。よい入門書を書くことは実はたいへんむずかしいことである。高度な専門書を書くよりもむずかしいかもしれない。専門領域の知識が十分にあり、その知識が経験を通して身についたものになっていて、なおかつそれをこれからその領域に入ってこようという人たちに、専門用語に頼らずにわかりやすいことばで簡潔に書く必要があるからである。小説家・評論家の丸谷才一氏が、入門書を選ぶなら「偉くない学者の書いた厚い本」は捨てて「偉い学者の書いた薄い本」を読めというのはそういう意味である。正直言って三宅さんにそこまでの用意があるかしらと心配になったのである。

ところが読んでゆくと、クライエントの人生の物語に惹きこまれて、入門書ということなど忘れてしまう。不妊治療をする女性に始まり、少年期、青年期、中年期、老年期、そして死にゆく人に至るまでの一〇人のクライエントがそれぞれの人生を語っている。これらの事例は、クライエントの匿名性を保持するために複数の事例から合成したり、一部創作したものだというが、作り物という印象はまったくない。そこにはまちがいなく生きた人間がある。三宅さんが多くのクライエントと面接を重ね、その経験が血肉になっているからこそ、こういうことができたのだろう。

一人ひとりの物語の中に、その人の誕生、成長、成熟、そして病と死が語られているが、一〇の事例を通読すると、そこに人間の生涯が浮かび上がる。現代の医療が人の心に目を向けられなくなっていることへの三宅さんの痛みと悲しみも伝わってくる。私はこれを読みながら、自分のみた何人かの患者のことを思い浮かべたし、それぞれの年齢での自分の生活、仕事、病、出会った人たちのことを思い出した。そこに人生の四季がある。三宅さんはそれを自然の四季の移りかわりと重ね合わせて書いている。三宅さんが自然の季節の移りかわりを感じとり、しかもそれを表現する美しい、そしてなつかしいことばを豊かにもっていることに驚嘆した。本書の見出し語から、私は今まで知らなかった季節をあらわす美しい日本語をいくつか学んだ。

三宅さんがかつて働いていたクリニックは、広い田園の中にあり、クリニックの白い建物は木々に囲まれていた。春には桜が咲き、夏には蝉が鳴き、秋には稲穂がみのり、冬には雪があった。三宅さんは日々そういう自然の移りかわりと自然とともに生きる人たちを見ていたのだろう。

人の人生にも四季がある。三宅さんはそれぞれがそれぞれの季節にふさわしく生きることができるように、見守り、そっと背中を押すことを学んだのであろう。そして詩人の魂をもって、人間の生涯と自然の移りかわりを重ね合わせるようになったのだろう。

ところどころに精神分析の専門用語の説明がある。転移、逆転移、対象関係、解離などの専門用語が三宅さん自身のことばでわかりやすく説明される。もちろん先人のことばもいくつか引用されるが、いずれも三宅さんの身体をくぐり抜けたものだから、三宅さん自身のことばになっている。読者は、対象関係とはこういうことなのか、転移解釈とはそういうふうに言うことなのかと目からウロコが落ちる思いがするであろう。また、たとえばクライエントを「抱える」とは一体どうすることなのかと、専門家の使うことばの意味をあらためて問い直してもいる。三宅さんがことばについてつねに考え、ことばを大切にしていることがよくわかる。こういうところは私自身たいへん勉強になった。

ただし、三宅さんの本意ではないかもしれないが、こういうところはとばして読んでもいっこうにさしつかえない。そういう解説を読まなくても、クライエントと三宅さんの織りなす物語の中に入ってゆくには何の支障もない。まず物語があるのであって、専門用語が先にあるわけではない。専門用語は物語の深さと意味をむしろ限定してしまうこともある。

三宅さんはところどころで仕事場の状況を描写したり、自身の見た夢を語ったり、亡くなったお母さんを思い出したりしている。そしてそれがクライエントの物語と織り合わさって、三宅さんのクライエント理解を一層深いものにしている。読者は一〇人のクライエントの物語を読むと同時に、臨床家にしてかつ詩人である三宅朝子の人生にふれることになるであろう。

# はじめに

この本は入門書である。というよりも、入門書の前に手にする本である。いや、もしかしたら、入門書のかたわらに置いて時々ながめるのもよいかもしれない。はたまた、入門編を終えてから、じっくり読んでみてもよいかもしれない。いずれにしても、これは事例を通して精神分析的な心理療法を紹介し解説をしている本である。

入門書といえば、通常は系統的にその概念や理論を紹介し解説をしているもので、今まで多くの心理臨床や心理療法の入門書が出版されている。それぞれに特長があり学ぶべきところが多い良書がたくさんある。しかし、初学者にとっては、それを最後まで読みこなすのはとてもエネルギーが必要で、また通読できたとしても実際の臨床実践にどうつなげていけばよいのか道筋が見えないこともある。特に精神分析的なケース理解は「用語や理論が難解だ」と手ごわく受け取られて、敬遠されてしまう向きもある。確かに口に入れれば簡単にこなれて消化できるという類のものではないが、実は噛めば噛むほど味わい深く、臨床実践に大いに役立つものだと私は思っている。精神分析的な心理療法は、治療者とのこころの交流の中で、人が真に自らの物語をつむぐという自己探求の方法として貴重なアプローチといえる。しかし、その醍醐味を実感する機会もないまま、羅列された専門用語の前でため息をつき、その門前で背を向けて離れて行ってしまう人がいることを、私は常々残念に思っている。

このような思いから、現場に身を置くような臨場感をまずは体験できるような描写を試みた。人の心の奥深さと、それが浮かび上がり、さらにつむがれるプロセスが、リアルに感じられるよう事例の表現方法に工夫を凝らした。それらは、私が十八年間常勤の臨床心理士として勤め終えた、名古屋市近郊の都市にある精神科クリニックでのものである。私の臨床実践は主に個々への心理療法で、老若男女、病態も神経症から、人格障害、精神病など、幅広い層を対象としていた。事例をとりあげ、治療者自身の赤裸々な心情や内省はもとより、その治療関係から引き出された治療者自身の空想もビビッドに表現をした。フィクションのように見えるかもしれないが、表現方法のひとつと捉えていただければうれしい。

事例の紹介のみならず、随所にその背景にある理論や概念の紹介をしている。それらの中核は、おおむね精神分析的理論、特にクライン派を代表とする対象関係論である。また、心理臨床の現場でぶつかることが多い微妙な問題についても、理論の羅列ではなく事例に即して取り上げている。比較的精神分析に馴染みのない人にも咀嚼しやすい表現を心掛けたつもりなので、初学者の方でも、立ち止まることなく戸惑うことなく、そのプロセスをたどり理解することができるかと思う。今まで精神分析的な用語に及び腰であった方たちも、この本を通してそこに出てくる概念や理論に、さらに興味を持ってくだされば幸いである。

この本との出会いが、読者の臨床実践に新しい可能性と明日への活力を見いだすきっかけになることを願っている。また、初学者のみならず、すでに臨床実践を積み重ねておられる方の目にとまり、少しばかりの刺激剤になれば望外の喜びである。

なお、この本に事例として登場する人の名前は、当然のことながら全て仮名である。クライエントの秘密保持のために、よく似た複数のケースの合成をして、個人やその関係機関を特定するような特徴には相当大幅な削除や修正・創作を行っていることをお断りしておきたい。

# 目次

# 物語がつむぐ心理臨床

# 第一章 大《だい》寒《かん》——不妊治療を機に摂食障害に陥った女性

胎生

松井啓子

はじめに元気よくカン切りを産んだ。次にセンヌキを産んだ。それから動物の皮膚でできた紙入れと、樹皮の枝をたわめて作った寝椅子を産んだ。

立ちあがってエントツの小さいのを二つ産み、鍵を三つたて続けに産んだ。

(略)

私は、ばらばらの干しぶどうと、干してない種なしぶどうの房を産んだ。

私は調理パンを産んだ。それは刻み玉ねぎとマヨネーズをつめたうずまき型パンだった。また、しぼり出しチョコレート、牛皮《ぎゅうひ》入り蒸し菓子、しょうが入りビスケットを産んだ。ビスケットは真四角で、表側だけぽつぽつと穴があき、まわりは丸みを帯びたぎざぎざだった。そのあとすぐにビスケットと同じ色の自転車を私は産むことができた。この時、錆《さび》ついた渋い音が一緒に生まれ、この音は同時に別の場所を思い出させる。生り《な》おさめの種用きゅうりと種用なすが、土までふかぶかとぬかづいて、割れ、じりじりとうなっている。そのそばで血を吐く昆虫。

（略）

松井啓子詩集『のどを猫でいっぱいにして』[1]より

## 凍結

わたしはキッチンをうろうろしていた。一週間前なら母が詰めてくれたお正月のお節料理がお重にあった。しばらく買い物に出かけていないので食べ物のストックがあまりない。板チョコ三枚、食パン一斤、今朝炊いたご飯三合ほど、ドーナツ七個、いちごジャム一瓶、食べ物の数々を次から次へと口に放り込む。噛み砕く。呑み込む。がむしゃらに食べる。ご飯をお茶碗に入れて食べたのか？　それとも手づかみで食べたのか？　覚えていない。食パンをどうやって食べたのか？　また、どこからどこまでがご飯で、どこからがパンなのか区別がつかない。ジャムをスプーンですくって口に運んだのか？　それとも指ですくって食べたのか？　それもよく覚えていない。何やら手がべとべとする。ならばスプーンなど使っていないのかもしれない。もちろん味というものがある事はずいぶん昔に忘れている。凍りついた狭い洞窟の中に閉じ込められたような、圧迫感がわく。わたしは、さらに立ち上がり、食べ物を探す。キッチンの棚に桃の缶詰を見つける。カン切りを探す。カン切りはどこだ。カン切りが見つからない。食べなくちゃ。カン切りがない。食べなくちゃ。カン切りを。食べなくちゃ。産まなくちゃ、カン切りを。狭い部屋に閉じ込められたように息苦しい。その圧迫感を口から吐き出すように、わたしは大声で叫んだ。

「ないわ!!」

そして、その声に驚いて、「おぎゃーー!」と赤ん坊の泣く声が部屋中に響き渡る。二カ月前に生まれたばかりの赤ん坊はベビーベッドの中にいた。その泣き声は、さらに大きくなっていく。その声に私の頭の中のヒューズが飛んだ。私はカン切りを必死に探した。その時、玄関のドアの開く音がした。

「何やっているの! 美紀。友里ちゃんが泣いているじゃないの!」と母親の声がした。合鍵を持っている母親が玄関の戸を開けて入ってきたのだ。

驚いて振り返るわたしの横を慌てて母親が小走りにベビーベッドへと駆け寄り、泣いている娘を抱きあげている。

「おかしいわね。オムツが濡れているわけじゃないわね。ミルクはいつあげたの?」と赤ん坊を抱きながら、哺乳瓶を探しにキッチンに入った母親は立ちすくんだ。

「美紀、これどういうこと?」とそこで初めて母親はわたしの顔をじっと見つめた。

キッチンには空になったドーナツのパッケージや、食パンの入っていた袋、板チョコの銀紙が無秩序に散乱していた。その周りにはパン屑とご飯粒がたくさん落ちていた。イチゴジャムの瓶が床の上に転がり、こぼれたジャムはまるで血のように光っていた。

わたしは、食べるはずだった桃の缶詰を拾い上げた。胃のあたりが膨らんで苦しかった。しかし何かまだ満ち足りない感覚がこみ上げてきてモヤモヤしていた。最後に大量の牛乳を飲んで一切合財を吐き尽くすはずであった。それが堰き止められて、わたしはがっくりしていた。冷蔵庫にある牛乳一リットルサイズ二パックのことが頭から離れず、母親の言葉がぼんやりと遠くに聞こえた。

それから、わたしは母親と何か話をしたようだ。何を話したのかよく覚えていない。わたしは異様に膨らんだ胃袋が気になっていた。「吐きたい」。そればかりが頭の中を渦巻いた。そのまま、その日のうちにわたしは実家へと、娘ともども連れて行かれた。そこは自宅のマンションからさほど遠くない所にあった。わたしの食行動は母親の監視下に置かれた。わたしの家にストックされている食料があまりにも急激になくなっていく。それを母親も以前からうすうす気がついていた。それから一週間もしないうちに、わたしの父母と夫が話し合いをしたらしい。わたしは、近隣の「精神科神経科クリニック」という所へ受診をすることになっていた。母から「明日の朝、予約がとってあるから」とだけ告げられた。その母の背後で、「水道管が凍結して破裂しないようにお気をつけください」とテレビから気象情報が流れていた。その日、夜空は凍ったように澄んでいて、静かだった。翌朝は一段と気温が下がった。

# 氷面鏡《ひもかがみ》

寒の入りからしばらくのうちは、冬の中でもとりわけ寒さが厳しい時季である。「大寒」文字通り大きな寒さの真っ直中にいる。毎年、この頃に大雪が降り交通網が麻痺をするようなことが起きる。ここ、稲沢は名古屋から名鉄特急でわずか十五分弱という近郊であるが、名古屋市内とは気候が少し違う。名古屋では雪がちらつく程度でも、稲沢では大雪になっていることがある。職員が手分けして雪かきをして、患者が歩いて通りやすい道を確保する。今朝はもう雪は止んでいたが、昨日降った大雪が今朝の寒さで凍っている。氷の洞窟にいるような、痺《しび》れるような冷え込みを感じる。春は近いというのが、まるでうそのようだ。

こんな天候だが、外来の待合は混雑していた。外来での診察がスムーズに進んでいない。私は、院長から初診の予定になっている患者の予診を取るように依頼された。初診の患者は三十代前半の女性であった。問診票の「おかかりになりたい事、困っている事」の欄には「食事のこと」とだけ書かれていた。私は待合へ行き、カルテに記されている名前を呼んだ。付き添っていた母親と思われる年配のご婦人に促されて、顔色が青白い女性がゆっくり立ち上がった。

面接室へ入ると、私の正面に位置する席に、やはり母親に促されて彼女は座った。私は、彼女の顔を見て「水沢美紀さんですね」と名前を呼び確認しようとした。しかし、私がその言葉を最後まで言い終わらないうちに、母親らしきご婦人が身を乗り出して話し始めた。

母親の話は以下のようなものだった。

美紀は、両親と年子の妹の四人家族の中で育った。小さい頃から手のかからない「よい子」だった。中学、高校と仲の良い友人もおり、成績も悪くはなかった。何も問題のない子どもだった。短大を卒業した後、事務職として働いていた。母親の知人の紹介で二十四歳の時に、現在の夫と結婚した。夫は長男で、いずれは夫の両親と同居することになっていたが、現在のところ夫婦は、美紀の実家近くのマンションで生活をしている。彼女は結婚後もしばらく仕事を続けていた。しかし結婚後三年たっても子どもができず、不妊治療に取り組むことになった。その際、それまで長く勤めた仕事を辞めている。病院を替えたり、治療を替えたりしながら、不妊治療に四年間取り組んだ。そして、やっと妊娠し、昨年十一月に待望の女児を出産したという。過食がいつから始まったのかはっきりしないが、妊娠中にはすでに始まっているらしい。母親は始め、妊娠初期の悪阻《つわり》などで食生活のリズムが崩れたのを引きずっているのだろうというぐらいに考えていた。しかし、出産後もそれはなくならなかった。母親が彼女の代わりに買い物をしてきて、買い置きしてあった食べ物が急激になくなっていった。そして、その食べ物の減り方は日に日に激しくなっていった。食行動の異常だけでなく、彼女は赤ん坊の世話をあまりしなかった。時には泣いている赤ん坊をほかっていた。見るに見かねた母親が実家に二人を連れてきて、赤ん坊の世話をしていた。

母親はよく喋った。たくさんの情報がウインドゥに陳列されたように並んだ。それでありながら、私は今一つ必要な情報が得られていないような、満ち足りない気持ちになっていた。それは、まるで氷の表面に写る模様、氷面鏡《ひもかがみ》のようだった。表面的な食行動や過去の事実が羅列されているだけで、美紀自身がどんな心の状態で今に至ったのか、よくわからなかった。

母親の話が一段落ついた所で、私は美紀の顔を正面からじっと見た。

「あなたは今お母さんが話されたこと、どんな風に思いました？」と尋ねた。

彼女は自分に向かって言葉が発せられたことを意外そうに感じているようだった。

「わたし？　ですかぁ。はい、おおかた、母が話した通りです」と言ったきり、静かに遠くを見た。彼女の瞳には窓の外の雪景色が映っていた。その白い光は冷たい氷の破片のようだった。

三十分ほどの簡単な面接で予診は終了した。私は院長に申し送るためのサマリーをカルテに記載した。その最初に、とりあえずのラベルとして、「摂食障害」と書き、予診面接で得られた概要の要旨を簡単にまとめた。

「摂食障害」という病気はどのようなものなのだろうか。かつて、「思春期やせ症」と呼ばれ、かたくなに食事を拒否し、骨と皮だけに痩せこけた若い女性を拒食症と呼び、その典型的な姿とされていた。さらに、その後は、大量の食べ物を摂取して、それを嘔吐や下剤の乱用によって排泄する人たちが増加し、拒食と過食の両方を含めて、「摂食障害」と呼んでいる。おおむね、ＤＳＭ（米国精神医会：ＡＰＡによる精神疾患分類）やＩＣＤ（世界保健機構による疾患分類）の診断基準をもとに症状レベルで診断がなされ、この名称がラベルとして付けられる。そして、近年、このラベルの付いた患者が、精神科、神経科、心療内科、小児科、婦人科等、多くの病院やクリニックで増えている。このラベルの付いた紹介状を持参して私の勤める精神科クリニックにやってくる患者も多く存在する。

しかしながら、「摂食障害」と一言といっても、実際はさまざまな病理、さまざまな病態の人がその枠組みの中で括《くく》られている。例えば、食べ物、食事への恐怖症の人、あるいは統合失調症などの精神病性の不安の防衛として症状を出している人、食をめぐる形で病的な行為を示している人格障害（境界例、シゾイド、強迫、ヒステリー等々多岐にわたる）の場合もある。また反応性のうつの一つの状態像、時には精神発達遅滞の人が不適応の中で食の形で問題を呈している場合もある。いずれもその人が抱えている本質的な問題はさまざまで、全く異質な問題であるのに、ただひとつ「摂食」というラベルであまりにも乱暴に一括《ひとくく》りしている感がある。何が本質的な問題なのかによって、治療的な対応はずいぶん違ってくる。全く正反対の治療的アプローチを考えることにもなる。もちろん、ＤＳＭやＩＣＤという診断基準の存在意義を否定しているわけではない。こうした診断基準はさまざまな病気を整理して考える上では意味があるだろうし、とりわけ薬理研究等をしていく上では有用性もあると考えられる。しかし、患者一人一人の問題をどう理解しどう治療的に対応するかを考える上ではあまり役には立たない。表面的な症状に目を奪われず、その人の病態やパーソナリティの問題を吟味し、見立てることが重要になる。そしてこうした見立ては、たかが三十分程度の時間、症状等の表面的な話を聞いただけで簡単に把握できるものではない。たいていの場合、数回の面接によって少しずつ積み上げられ組み立てられていくものである。時々、初回面接でいきなり、「わたしの病気は何ですか？　どうしたら、いつごろ治りますか？」と性急に問う人がいる。また、このような人たちに、パーソナリティの吟味もほとんどしていないのに、簡単に安易な回答をしてしまう専門家がいるのも残念なことだ。

安易なラベリングをしてわかった気になりやすいのは、「摂食障害」に限ったことではない。うつ、不登校、発達障害、等々、さまざまな人を一纏《ひとまと》めにしてしまう大雑把なラベルは他にもたくさんある。最近の情報化社会では、インターネットや多くの書物から簡単に情報を入手できる。患者の中にはとりあえずつけられたラベルをもとに、片っぱしから検索をし、書物を貪り読み、その内容に一喜一憂される方もいる。そこに示された情報が、その人の問題とはずいぶんかけ離れている場合も少なくない。もし専門家の門をくぐったのであれば、目の前にいる専門家と対話し、その人と自ら問題を見つめる作業を共にして、自分の問題がどのようなものなのかを知ろうとしてほしい。

## 氷楔《アイスウェッジ》

　予診で初めて対面した美紀であったが、初診後、院長から心理面接の依頼が出された。「摂食障害にはカウンセリングが適していると聞いた」と母親からの強い希望があったようだ。

　その後、美紀は一人で部屋に入り、私との面接が何回か重ねられた。その中で彼女が語ることは、多少枝葉が多く添えられたものの、三十分あまりの予診で聞いた母親から情報とさして変わらないものだった。過食をしている時の気持ちを聞いても、「よくわからない」「覚えていない」と答えることが多かった。さらに、他に話すことがないと、膨大な食物がこの一週間食べたものとして味もそっけもなく語られた。しかし、彼女自身の生い立ちの中の、さらに生活の中の、そして今現在の、こころの有様は一向に浮かび上がってこなかった。「統合失調症の初期」「重度のうつ状態」が私の頭をよぎったこともあった。しかし、それは否定してよいだろう。心の内の情緒を語らないものの、彼女は理路整然と事実関係を語り、おおむね了解可能な話をされた。また身の回りの事はもちろんであるが、時々実家と自宅を往復しては、掃除洗濯などの家事もこなしていた。また、睡眠はある程度とれてもいた。子どもの世話をしない。過食行動に没頭してしまう。この二つを除いてはおおむね適応的な行動が維持されていた。「あなたは誰なの？」と私は心の中で呟きながら面接を重ねた。

　松木邦裕は、『摂食障害というこころ』[2]『摂食障害の精神分析的アプローチ』[3]の著作の中で、精神分析的対象関係論をもとに、「摂食障害」の内的世界と治療的アプローチの工夫について記述している。松木によれば、中核的な摂食障害は、自己愛パーソナリティ障害をベースとしたものであるという。つまり、「やせている自己を理想化し、より万能的な存在としてありつづけようとする人」であり、「本来人間が感じるはずの心の痛み、悲しみを心の中から消そうする動きをしてしまう人」である。こうした自己愛の障害をベースとした中核群とそれ以外の「ひとまず摂食障害と診断される人たち」とを分けずに、しっかりとした鑑別をせずに治療をしている専門家が多い事を、松木は嘆いている。そこに示される特徴からすると、美紀は中核群に必ずしも当てはまらない。彼女には、私の接近をはねかえす所があり、情緒的な深まりにくさはあり、自己愛的な問題が全くないとはいえない。しかし、執拗なやせへのこだわりを示さず、理想化された自己イメージにしがみつく所もない。さらに食行動を隠しておこうという態度も見られない。

硬く凍った彼女の心の内側はどうなっているのか？　また、情緒が心から追い出され、氷の楔《くさび》によってしっかり閉ざされてしまっているのはなぜなのか？　私はすぐにわからなかった。そしてしばらくは、それを問い続けながら、時間をかけて彼女が誰なのかを見極める面接をしていくことにした。

アンデルセンの有名な童話『雪の女王』では、悪魔の鏡が粉々になり人間界にばらまかれる。その欠片が、目に刺さってしまった少年カイは、すっかり変わってしまい、連れ去られ、雪の女王の足元で眠ることになる。そして少女ゲルダは、カイを追い求めて長い旅に出る。まるで、少年カイと同じように美紀の心にも悪魔の欠片が刺さっているかのようだった。

「小さなこの欠片が、心臓に入ってしまったという人も何人かいた。これは恐ろしいことで、その人の心臓は、ひと固まりの氷みたいに冷えてしまう」
（「アンデルセン童話集」『雪の女王』[4]より）

そして、面接を重ねるうちに、私はエスター・ビック[5]の「第二の皮膚（second skin）」という考えが彼女を理解する上で参考になるのではないかと思い始めた。

英国には、「クライン派」と称される精神分析学のひとつのグループがある。それは一九二〇年代に登場した精神分析家メラニー・クラインの考え方を引き継ぎ発展させている人たちを指す。その中でも現在の精神分析学の理論に多大な影響を与えた人々の一人として、エスター・ビックという人がいる。彼女は乳幼児が最早期の対象関係との体験によって自らのこころ（情緒）を抱える機能をうまく持つ事が発達すると考え、それを「心の皮膚機能」と名付けた。そして、こうした機能がうまく発達しないと、その代用物のような心の状態が形成されると考え、それを「第二の皮膚（second skin）」と呼んでいる。ビッグのこの考えは、子どもの観察から導き出されたものであるが、彼女は成人のクライエントの一群にもこうした心の状態を持つ人たちがいることに気がついた。この人たちとの面接では、関係性は紙のように薄く、内的世界が欠落しているという。そして、表層的な物の取り入れに没頭しているという。具体的には、膨大な知識の吸収をする人もいるし、過活動ともいえる運動（筋肉トレーニングなど）に熱中するという表現形式をとる人もいる。そして、彼らはそこそこ適応ができているレベルの人であるのに、治療をはじめても一向に展開をしないという。この「第二の皮膚」の考えを用いて、木部則雄[6]は村上春樹著『海辺のカフカ』に登場する主人公「田村カフカ」について、「第二の皮膚」を形成する人として、精神分析的な考察をしている。主人公カフカは「ひたすら海綿のように膨大な知識を吸収し、筋骨隆々とした身体を作ること」に没頭している。さて、私たちの周りにもこんな人がいないだろうか？　自称グルメと称して珍しい食べ物についての膨大な知識を持っており、その蘊蓄《うんちく》を披露するが、実は本人は何を食べても美味しいともまずいとも感じていないような人。ガイド並みの豊富な知識を持って多くの名所旧跡をまわっているらしいが、印象に残った風景が全く回想されないような人。これらの人々も第二の皮膚に覆われた人々なのではないか。

美紀の様子も、この概念によって説明できる部分があるように思われる。ただし、幼少時からこのような心の発達の機能不全を起こしていたと結論付けるのは早計ではある。さらなる吟味が必要だ。しかし、ある時点から何らかの理由で、彼女の心の皮膚は弾力を失い硬い「物」になった。冷たい氷のようになってしまい、彼女の内側に情緒を包み入れる空間が失われてしまった。水という物質は、液体から固体になる時に他の液体には珍しい特異な分子の配列を組み立てる。そのために水は固体になることで体積を減らさず、膨張した氷になることで空間を奪ってしまう。そのように、氷った彼女の心の容器に柔らかな情緒を入れる隙間がなくなってしまったのではないだろうか。そして、こころは、過食行動の亢進という分厚く膨らんだ即物的な活動、つまり「第二の皮膚」によって置き換わっているようだった。

## 款冬華《ふきのはなさく》

心理面接をはじめて半年が過ぎようとしていた。過食に没頭する行動は、増える事も減る事もなく続いていた。彼女が日々の生活について語る中で、子どもを乳児保育所に預けることにしたという話題がでた。さらに彼女は、長い不妊治療に耐えて子どもをやっと妊娠した話をした。

「こんなに苦労してやっと妊娠して生まれた子どもなのに。全く世話をする気になれない。かわいいという気持ちが沸いてこない。生まれてきた子どもに申し訳ない。自分の代わりに世話をしてくれている母にも申し訳ない」

私は何か今までと違う彼女の気配を感じた。そして、不妊治療の苦労についての詳細な説明を求め、さらにそこにまつわる彼女の気持ちを繰り返し取り上げていった。

彼女の話は、義母（姑）の勧めで不妊専門外来へ受診したところから始まった。彼女は勧められるままに、「不妊治療をする」という意識もあいまいなまま気軽な気持ちで足を踏み入れた。最初に、女性ホルモンを高めるための漢方薬が処方され、それを朝晩服用することになった。さらに排卵誘発剤の錠剤が追加処方された。一日朝夕三錠ずつ服用した。排卵直前になると排卵誘発の注射を打つ。卵の育ちが悪いと、頻繁に注射をうつことになる。下手をすると毎日。そしてこの注射は途轍《とてつ》もなく痛い。そのうち、注射を打つために職場を抜け出して病院へ駆け込む日々を余儀なくされた。そして、職場からはほどなくクレームがでる。「不妊治療をしているために」という理由を言い出すタイミングを失ったまま、退職せざるを得ない状況に追い込まれた。就職直後はもたついていた仕事もすっかりテキパキこなせるようになっていた。それなりに充実感があった。美紀は仕事をしている自分が好きだった。退職した日、自宅に帰ると、テーブルには見事な手料理が用意されていた。義母と実母が意気投合していた。

「これで不妊治療に専念できるわね。よかったわね。おめでとう」

「今からあなたが赤ちゃんを抱っこしている姿が目に浮かぶようだわね」

二人の母たちは、舞い上がっていた。すっかりお祝いムードになっていた。それに反して、美紀は体の奥深い所がじ～んと冷え固まっていくような気がしたという。しかし、彼女はもう動き出している列車から途中下車することはできなかった。

彼女は静かに、しかし体温を感じる声で呟いた。

「わたしは、本当は仕事をやめたくなかったのよね」

そして、美紀のまぶたに涙の水滴がみえた。


「カイ！　どうしたのよ、小さなカイ！　ああ、やっとみつけたわ！」

でも、カイはかたく凍りついたままで、座り続けていた。ゲルダは、熱い涙を流した。その涙が彼の胸に落ちて、心臓までしみていった。そして氷の塊を溶かし、その中にあった小さな鏡の欠片を食いつくしてしまった。

（『アンデルセン童話集』『雪の女王』より）[4]

私は彼女にこう伝えた。心理面接もまた、不妊治療と同様に、彼女の意志とは別の外から押し付けられたものので、彼女にとっては善意という名の暴力として感じられていたのではないかと。そして彼女は情けない表情で私を見てうなずいた。過去の出来事と、面接場面で起きている事を、同じ情緒の水脈をたどり結びつけ、それを言葉で伝える事、これを「転移解釈」という。そしてこの解釈によって、初めて治療者とクライエントは体温を持ったほんとうのつながりを見いだす。そしてそれが氷の塊を溶かしていくこともある。

大寒を過ぎると季節は少しずつ春を受け容れていく。厚く覆われた氷を最初に打ち破るように顔を出すのは、蕗《ふき》の薹《とう》の小さな新しい芽である。こうした時期を暦では款冬華とも呼ぶ。

蕗の薹の小さな芽のように、小さな声で、美紀は少しずつ、不妊治療をめぐるさまざまな思いを語り始めた。痛み、悲しみ、惨めさ。雪解けの水が流れ出るように、心と身体の痛みが言葉にされていった。そして、私は彼女の情緒を丁寧に掬《すく》いあげることに努めた。

子宮卵管造影剤検査によって、卵管の閉塞、癒着がないかどうかを調べた時のことを彼女はこんな風に語っている。

医師は「ちょっと痛みますが、たいしたことはありません。我慢してください」といつも注射を打つ時と同じように、一連の医療行為の追加事項のようにそう言った。台の上に乗り、足を金属によって固定される。種類の違う恐ろしい機械音がいくつか共鳴し合って、耳元で聞こえていた。チューブや金属のいくつかが接する感触がある。その後、洪水の濁流が押し寄せるように下腹部に押し寄せてくる。堤防が今にも破壊されるような、激しい痛み。子宮や骨盤が悲鳴を上げた。背骨がぼろぼろと音を立てて壊れるのではないかというような背部に向かっての激痛。股が引きさかれそうな鋭い痛み。思わず、身体を反らしてしまう。「痛いです」と遠慮がちにいうと、看護婦が「検査ですから、多少は痛いですよ。辛抱してください」と淡々と応える。足が小刻みに震えて、自分の意志では止められない。医師が強い調子で「動かないでください」と言う。しばらくして検査は終了した。看護婦は無造作に、大きな脱脂綿の塊のようなものを膣へと捻じいれた。そして、まるで取扱説明書を読み上げるように、検査後の注意事項を早口で言った。わたしは、ゆっくりと体をおこした。身体が左右交互に傾き、真直ぐ立てない。ふらふらと出口へと歩いていく。背後で、看護婦たちの雑談が聞こえた。「子どもが産めない体なんだから、そのくらいの痛みは我慢してもらわないとね。仕事がやりにくくて仕方ないわ」と。わたしは、ひどく惨めな気持ちになった。そして痛いと感じること自体、自分には許されていないように思えた。

子宮卵管造影剤検査の結果、排卵誘発剤を頻繁に使ったために、卵巣が傷み卵管の一部に軽い癒着が起きていることが明らかになった。癒着が起きていると、排卵した卵子が自然に子宮に行き着床することがより難しくなる。不妊治療のために服用し続けた薬で身体が傷つき新たな不妊の原因を抱え込んだことになる。医者からは、さらなる手立てとして卵管の詰まりを調べる通気検査、通水検査が提案された。この検査によって詰まりの状況がさらに詳細に解り、同時に通気、通水によって詰まりが多少改善する可能性があり、妊娠もしやすくなるのだという説明がなされた。子宮卵管造影剤検査から通気検査・通風検査というコースはすでに進むことが決まっている「おきまりコース」のようだった。彼女の立ち止まる余地はなく、次の検査に向けての準備が進んだ。次なる検査は、ありとあらゆる種類の痛みのオンパレードだった。そして、この一連のコースを彼女は、繰り返し何度も体験した。その度に、彼女はどうやったら痛いという感覚や辛い、惨めという感情を自分の中から追い出したらよいのだろうと思いめぐらした。

検査から帰り道で、美紀は大量の食べ物を買った。そして、食べて、吐いた。次々に押し寄せる暴力的侵入的な出来事を咀嚼せず丸飲みするかのように、彼女は食べた。それから、さまざまな感情を全て無にするかのように、彼女は吐いた。彼女の身の上に起きた事を症状という形で再現したのだ。ここから、彼女の過食、嘔吐が始まった。

また、孫の誕生を待ち望んでいる母親たちは、なかなか成果が表れない事に苛ついていた。義母は、不妊症に効くといわれる自然食品を大量に買い料理を作り、美紀の所に運んだ。

「美紀さん、石女って言葉を知っている？　うまずめって読むの。石女がいると村が滅びるって昔はよく言われたけれど、村ではなく、今は家が滅びたら困るでしょう。がんばってね」

という姑の言葉に、彼女は「自分の心がどうか石のようになってくれたらいい」と念じた。

実母も然りだった。風水で「子宝に恵まれる」というグッズを買い、それと引き換えに美紀の持ち物を勝手に処分した。「縁起の悪い物を持っていると、子宝の縁が逃げていくわよ」という言葉で、全ての行為は正当化された。美紀の、さまざまな思い出の品々がいつの間にか消えていった。

一連の検査が終わる頃、病院からは「人工受精」が提示され、その日のうちにたくさんの人たちが集められた「学習室」という部屋で、一緒に並んでＤＶＤを見ていた。ベルトコンベアーに乗せられたように全ては順番通りにすすんでいった。一方、本来パートナーであるはずの夫との間の会話も減っていった。人工受精の費用は高額で、経済的にも苦しくなっていった。彼女はいろいろなものを失った。この頃過食嘔吐は悪化していたようだ。

現在、生殖医療はさまざまな技術が研究開発され、「人工授精」「体外受精」「顕微鏡受精」等と大きく進歩をしている。さらには、「代理出産」「着床前診断」等、新たな可能性を探って、科学は今までありえなかった事を現実に変えていく。最近では、患者からの日常的な話題の一つとして「不妊治療をしている」、もしくは、「していた」という話を聞く事も珍しくなくなってきた。「人工授精」をめぐるストレスを語る人も増えてきている。そして、めざましく進む技術の陰で、人知れず心傷つき、精神的な問題を抱えることになっている人たちも増えているように私には感じられる。

ここに登場した美紀以外にも、不妊治療を機に精神的な問題を抱え込み、心理療法を求めた何人もの患者に私は会っている。精神的に不安定になり、強迫症状や心身症を呈し、また自殺未遂を起こした人もいる。原因のすべてが不妊治療のせいとは言えない。患者がそれぞれに持っている問題、例えば、パーソナリティや、家族関係や生い立ち等も関係していると思われる。時には、そちらの方が大きな要因であったりする場合もあるだろう。とはいうものの、不妊治療のストレスが女性の心や体に与える影響は小さくない。また、不妊治療を機に夫婦の間のすれ違いや溝が大きくなり、トラブルが絶えなくなってしまった人も多い。子どもは授かったものの、離婚をすることになってしまった人さえいる。「子はかすがい」という言葉もある。もともとあった夫婦間の溝や破れ目を埋めていく努力をしないままに、「子どもさえいればそんな溝もなかったことにできるのではないか?」と安易に、子どもに望みを託すこともある。子どもの誕生をある種の魔法のように勘違いしてしまう。結果的には、子どもの誕生後、破れた穴がさらに大きくなっている事に気がつき、愕然とする場合もある。

また、不妊治療の場合、夫婦が同等に協力してというよりは、女性にずっしり負担がかかる場合が多い。特に「体外受精」となると、夫の存在は「精子の提供者」にすぎず、女性は医療と二人三脚で妊娠の成立に向かって頑張るという図式になりやすい。「いつのまにか夫を部外者にしてしまったんですよね」という言葉を、ある患者から聞いたことがある。もしかしたら、人間は進化しているつもりが、そうではないのかもしれない。岩井保[7]『魚の国の驚異』によると、霞ヶ浦のギンブナはほとんど雌で、雄なしで繁殖するという。また、オーストラリア東部海岸に住むホンソメワケベラという魚は、雌の中の一番大きく力を持つ魚が性転換をして雄となり、繁殖をするという。そこでの繁殖はもはや雄と雌がいて成り立つものではなくなり、雌が万能的な力に支えられながらコントロールしていくものになっている。この魚の世界は、体外受精の世界に通じるものがありはしないだろうか。

　こんな話をしていると、私が不妊治療、体外受精などなくなればよいと主張しているように受け取られてしまうかもしれないが、そういうわけではない。私は、医療の進歩を否定しているわけでもないし、自然に任せた妊娠出産だけが美しいと言いたいわけではない。

　不妊治療の発展によって、子どもを持つことを諦めていた夫婦が念願のわが子を抱く事ができ、心救われた人たちがいるというのも確かなことなのだろう。困難な不妊治療の道程を共に乗り越えることで、夫婦の絆がより強固なものになったケースもあるだろう。また、不妊治療だけでなく、妊娠出産をめぐる技術など産科医療全般の発展により一九六〇年代初頭には十万件に約一〇〇件以上の割合で母体死亡が発生していたのが、現在は十万件に約五件程度の母体死亡にとどまり、多くの母の命が救われている。

　しかし、高度医療の進展の急速なスピードに、人の心がいつの間にか置き去りにされている事態が起きていないだろうか。高度医療の進展と成果、そこでもう一度立ち止まり、人の心に影を落としていることに目を向ける必要がありはしないか。多忙の中を、メンタルケアもよく考えて丁寧に話を聞きながら日々の臨床をこなしている産婦人科医もおられるかとは思うが、全体としては十分ではないだろう。この領域に進出している臨床心理士の数も少ないように思われる。

さて、美紀と私との心理面接であるが、その後も美紀は、粉々になったさまざまな感情、感覚を手繰り寄せては語っていった。バラバラになっていた物が束ねられて行くようだった。

私は侵入的なおしつけにならないように気をつけながら彼女の思いを聞いていった。エスター・ビックは、乳幼児の「皮膚機能」が作られるのは、母親によって体も心も抱え包まれる体験・包容機能によって生成されると述べており、その考えは成人の治療過程、治療者 - 患者関係にも応用された。私が面接を通して、彼女の心と身体をめぐるさまざまな思いを掬い抱き上げていった事がある種の包容となったのかもしれない。少しずつ、過食嘔吐は少ないものになっていった。

しかし、これはほんの小さな春の訪れにすぎない。彼女が本当の意味で温かい弾力のある心を取り戻し、生き生きとした人生を歩きだすのにはさらに時間が必要であろう。

# 第二章　啓《けい》　蟄《ちっ》——身代わりの子どもと世代間伝達

糸

小川三郎

（略）
人の死と
人形の不死は
繫がっている。
見れば強い糸である。

小川三郎詩集『永遠へと続く午後の直中』[1]より

# 雛納《ひなおさ》め

みやけ先生

こんにちは！　とっても、とってもお久しぶりです。わたしのこと、おぼえていますか？

土田美里です！　毎週、クリニックのお部屋で、折り紙やお絵かきやいろいろな遊びをやっていましたよね。（実は、わたしも細かいことはあまり覚えていません。ごめんなさい。）わたしが先生のところに通っていたのは、小学生になる少し前から三年生の夏休みまででした。えっと、そうですよね、先生。まちがっていないですよね。そして、なんと、この春、わたしは中学に入学します！　中学の制服、セーラー服を着ているわたしの姿、想像できますか？　ずいぶん、背がのびました。きっとどこかですれちがっても、先生は気がつかないかもしれませんね。

それから、わが家にはもう一つサプライズがあります。それは何でしょう。そんなクイズを出しても、先生は答えないんですよね。クリニックの面接では、先生はクイズに答えない。でもちょっと不思議なお話をする、それだけはなんか覚えています。きっとすぐわかりますよ。わが家の家族写真とお母さんの手紙もいっしょに入っていますから。でもね、先生。わたしが先生のところへ通ってやっていたことが、なにやらやっと「おしまい」になったような気持ちがしています。どうしてかな？　なんだかへんてこな気持ちです。

昨日はひな祭りでした。今年はわたしが一人でひな人形を片付けました。すごいでしょ。一つ一つお人形の顔を和紙で包んでしまうのは結構大変でした。昨日の今日。もう箱に納め終わって、お手紙を書いています。

中学に入ったら、部活をがんばろうと思っています。勉強もむずかしくなってたいへんかな？とちょっぴり心配です。でもがんばります！

先生もお仕事がんばってください。

三月四日
土田　美里

※

春まだ浅い三月初旬は、温かくなったり寒くなったり、気候は不安定だ。昨日は激しい雷が鳴り響き、黄砂交じりの雨が降った。春の雷によって呼び起された虫たちが冬眠から覚めて地上に顔を出し始めたかもしれない。今日は三月六日、「啓蟄」と呼ばれる日である。私は、その日クリニックでこのような手紙をもらった。ピンクにお雛様のイラストが描かれた便せんに、少し丸っこい思春期の香りのする文字でつづられた手紙だった。土田美里。よく覚えている。印象深い少女だった。彼女が初めてこのクリニックへやってきたのは、六年前で、やはり同じような雛の節句の時期であった。当時、小学校入学まぢかの美里は、母が雛人形を片づけるのを脇で見ていた。箱に納める前に、一体ずつ人形の顔に和紙で目隠しをするのだが、そのやり方が気に入らないと彼女は怒りだした。さらに「お雛様が死んじゃう！」と泣いて暴れた。ちょっとしたパニックになった。

人形の顔に覆われた白い和紙は、人の臨終時に顔に覆われる白い布を連想させたのかもしれない。さらに母の「また来年までのサヨナラだね」という言葉が追い打ちをかけて、春の雷が轟くように美里の心は衝撃をうけた。虫たちが顔をのぞかせるように、死のイメージが彼女の心の奥から地面をかきわけ顔を出した。雛人形はそもそも、平安時代に中国から伝わったお祓いの儀式がルーツとなる。古来より人々は、禍《わざわい》や穢《けが》れを「ひとがた」に託して己の身代わりとした。その人形は託された難を背負い、川を下り海に消えていくのだ。消えて死んでいく人形のイメージに美里はわが身を重ね合わせてしまったのかもしれない。箱に納められた雛人形は再び翌年の雛祭りには現れるというのに、彼女はおのれの身に永遠の死がやってくるように思われ、恐ろしくなったのかもしれない。

始まりは、幼稚園の年長クラスの秋のことだった。お遊戯発表会の練習中に、美里は一度だけ多量の尿をお漏らししてしまったことがあった。お遊戯に夢中になって興奮した際に思わず力が入って尿が出てしまったようだ。多量の尿が美里の足元にたまり小さな水たまりができた。誰が見ても彼女のお漏らしだった。しかし美里は、自分には身に覚えはないと強く主張した。そして彼女は、天井から水が降ってきたと言い張って譲らなかった。その後、彼女は排泄をしたくなることを気にして頻繁にトイレへ行き、お漏らしをしていないかと確認することが続いた。さらには祖父が前立腺癌にかかって手術をした。手術は成功し、祖父の予後は良好であった。しかし、「おじいちゃんはおしっこの病気でもう少しで死ぬところだった」という言葉だけが彼女の頭にこびりつき、「尿をしすぎると自分も死んでしまうのではないか？」という不安を訴えるようになった。そして、何回もトイレへ行って排泄の有無を確認する行為がエスカレートした。さらにはそれでも不安を処理することができないと、「どうしよう、死んじゃう」と泣いて暴れた。両親は彼女のこうした様子を心配して、保育園の先生や知人等に相談をしていたが、様子はどんどんひどくなるばかりだった。さらに雛人形を片づける際にパニックを起こした日から、「死」を連想させる物をことごとく嫌い、泣く事が増えた。こうした彼女の様子から、専門家に相談する必要性を感じた両親は、精神科クリニックへの受診を決めた。

美里とその家族が私の勤めているクリニックに初めて受診し、精神科医が診察をした。診断名は強迫神経症とされた。その後の対応は臨床心理士に任された。現在、児童治療を精神科医自身が多くの時間を割いて行うことは稀である。そもそも精神科医の中でも、児童精神科医の数は少ない。児童精神科医が、たとえいたとしても多忙を極めているので、個々の患者に多くの時間は割けない。したがって、多くの精神科クリニックでは、子どもの患者への対応の大半は臨床心理士に任されることが多い。そして私の勤めるクリニックでもそれは例外ではない。アセスメント面接と呼ばれる準備の面接がされ、その段階を経て、どのような対応をすることが治療的なのかを検討する。その中で、子ども自身に対しての継続的な心理療法が適切であろうと判断される場合は、プレイセラピー（遊戯療法）といわれる方法へと導入がされる。

私は、美里の家族、特に母親から美里の問題に関する情報や、成育歴等を聞き、美里自身とも面接した。こうしたいくつかの準備の手続きを踏み、私は美里のプレイセラピーを開始することにした。

日本では従来、「プレイセラピー（遊戯療法）」というと、ロジャーズの来談者中心療法の流れをくむアクスラインによる非指示的なプレイセラピーや、アレンによる関係療法的なアプローチを取る事が多かった。さらにそこに、ユング派の考え方を基盤とした箱庭療法的アプローチが加わる場合もある。いずれも、治療者側から、子どもの遊びの中の無意識的な意味を言葉によって伝えることは、非治療的なことと考えられてきた。子どもと友好的な関係を結び、楽しく一緒に遊ぶことが優先されている。子どもの感情の発散が目的とされ、子どもの言動に対しては「受容」が重要な原則とされている。

それに対して、メラニー・クライン[2]によって確立したプレイ・テクニックはずいぶん様相が異なる。クラインの考えは、子どもの遊びを大人の分析の自由連想と同等に扱おうとするものである。子どもの患者に対して遊びの無意識的意味や、「転移」と呼ばれる治療者と患者との関係を、治療の早期の段階から積極的に言葉で伝えていく方法である。従来、日本でプレイセラピーに携わる人たちにはこの方法への拒絶反応が強かった。言語による解釈など子どもには理解できようはずがなく無意味であり、いたずらに不安をあおり、子どもをかえって不安定にさせるから避けるべきだという考え方が主流であった。クライン派のプレイセラピーは英国を中心にしてヨーロッパで展開してきたが、二〇世紀半ばまでは、必ずしも多数派だったわけではない。現在では、世界中に広まり適応され、子どもの精神分析の主流になりつつある。日本でも昨今クライン派の牙城ともいえるロンドンにあるタビストック・クリニックへ渡り学び帰国する人が増えてきて、少しずつこうした方法が日本でも浸透しつつある。そして同時にその有効性が確認されつつある。クライン派のプレイ・テクニックについては、木部[3]、平井[4]、鵜飼[5]らがそれぞれの著作できめ細かく紹介をしている。

私が美里に対してアプローチしたプレイセラピーも、このクライン派のプレイテクニックの設定に基づくものだ。大人専用の面接室に、一辺が三〇センチ程度の大きさのその子ども専用の玩具箱を用意する。箱庭や共有の玩具等は置かれていない小さな部屋で面接を行うというものである。

## 春《しゅん》雷《らい》

美里はいつものようにお絵かき帳を開き、ウサギのうさ子の絵を描く。うさ子は大好きなおやつを半分残したまま、外に遊びに行く。残り半分は遊びから帰った後に食べようと思っている。外のお花畑で楽しく遊んでいたうさ子だが、突然の雷がなり慌てて家に戻ってくる。食べかけのおやつを食べようとお菓子の箱を開けるが見当たらない。ふと見ると食卓のうさ子の席に座って彼女の食べ残しのおやつをパクつくお化けの姿がそこにあった。

遊園地の回るコーヒーカップ。うさ子は楽しく遊んでいる。もう一回コーヒーカップに乗りたいな。そう思ってトイレへ行き、戻ってくる。すると、すでにカップは回り始めていて、彼女の席には謎のお化けが座っていて、母と笑いながら楽しんでいる。「お母さん！」といくら呼んでも振り向かない。母はすっかりお化けをうさ子だと思い込んでいる。

美里はこのプレイセラピーの開始当初から、自分の大切なものが横取りされるテーマや自分の居場所がいつの間にかなくなってしまうというテーマの遊びを展開した。自分の名札が無くなる。自分の服が無くなる。自分のカバンが無くなる。誰の仕業《しわざ》？　わからない。そして、謎の誰かがいつのまにか、わたしになっている。わたしの名前を使い、わたしの服を着て、わたしのカバンを持っている。彼女は遊びの中で謎の幽霊に怯えていた。美里自身の分身ともいえるウサギの「うさ子」が主人公としてよく登場した。時には描画を通して、粘土細工を使って、うさ子のストーリーは展開した。美里は自らのアイデンティティが何者かによって乗っ取られることに怯えていた。正体のわからない幽霊との格闘が続いた。

そして、彼女の不安は面接室の治療関係にももちこまれていった。

いつものように面接室に入った美里は、自分の玩具箱を開けて、入念になくなっているものがないかを調べた。全てのものが存在していることにほっとした様子で、鉛筆とお絵かき帳を取り出して椅子に座った。それから鉛筆で何かの絵を描こうとまずは線を一本引いた。その時、美里の顔色が変わった。彼女は顔をあげて私をじっと睨みつけた。「先生。芯が折れている」。私は、彼女の手元の鉛筆を見た。確かに芯が折れてぐらぐらとしていた。「誰かがわたしの物を使った！　そいつがやったんだ！」と彼女は眉毛を釣り上げた。もちろん、彼女専用の玩具箱を他児に使わせることはない。毎回面接が終わると、次のセッションまで誰にも触れられることなく保管されている。たぶん、彼女が先回の面接の最後に鉛筆を使った時に力強い筆圧で絵を描き、芯が鉛筆の中で折れてしまっていたのだろう。そして先回はそれに気づかぬまま美里は鉛筆を箱に納め、今日初めて折れていることを発見したのであろう。私は、彼女専用の玩具箱を誰か他の者が、使用することはないと伝えた。さらに、彼女の中に、自分の大切なもの、自分自身そのものも奪われて消えてしまう不安があることを伝えた。彼女は納得できず、私が他の誰かをかばっているのだろうと言った。彼女以上に大切にされる他の子どもがいるであろうという疑惑を、彼女が私に対して持っていることを話題にした。美里は黙ってわたしの言葉を聞いていた。

誰かにとって代わられる。それは彼女の「心の中」で起きていることだった。友人関係も良好で、彼女は誰かにいじめを受けているわけではなかった。一人っ子の美里はむしろ両親からは大切にされていて、虐待を受けているわけでもなかった。外から見たところ、彼女を取り巻く現実は「平和」だった。しかし、彼女の心の中は常に不安に満ちていた。その内的世界では、常に目に見えぬ敵がいて、彼女の存在を脅かしていた。

そして、治療の場面でも、目の前の治療者が謎の敵に見えてきたり、謎の敵とぐるになって剥奪をしてくるように感じる局面があらわれた。心の中の何者かへの感情を、目も前の治療者に対しても同様に抱く。「あなたもそうだったのね」と感じるわけだ。こうした状況での、患者の感情体験を「転移」という。精神分析的心理療法では、治療者が「転移」という鍵で扉を開けて患者の内的世界へ潜入する。治療者は「患者が表現する世界」へワープし、まさにその世界で繰り広げられるドラマの重要な登場人物になるのだ。平井[4]は、「あらゆる治療室には、幽霊が集まる。私たちの心理療法、特に精神分析的心理療法の技法は、来談者の背負う幽霊を集めるように企図されている」と述べており、これは、現代のクライン派の代表的な分析家であるメルツァー[6]が、「転移の収集」と呼んでいる事象である。治療初期段階での治療者の役割は、それまでてんでバラバラ空中を彷徨っていた患者の背負う異界の魑魅魍魎《ちみもうりょう》たちを面接室の時空間へと呼び寄せかき集めることだ。そのために、網《あみ》でも箒《ほうき》でもなく、「転移解釈」という道具を使う。私は、美里が面接場面で体験している治療者に対しての疑惑を言葉で伝えた。これが、「転移解釈」である。この言葉によってさらに心の奥に潜んでいた、サディステックな魔物たちがおびき出され表に現れてきた。

私の言葉を聞き終わると、美里は何も答えずに別の鉛筆を取り出して絵を描き始めた。引き続いて彼女が描いた絵は、謎のお化け人間が、餅を焼いている場面であった。餅はどんどん膨れ上がり不思議な形をしている。そしてその不思議な形のこぶのような所を切って、くしに刺して醤油をかけている。よく見ると、それはうさ子の顔をした餅だった。醤油によって汚くなったうさ子の顔。それをおいしそうに食べるお化け人間。餅はさらに切り刻まれた。顔の次は手。それから足。ゆっくりと胴体を味わう。バラバラにされた餅を美味しそうにお化けは食べる。それから美里は、粘土を出してアイスクリームを作る。コーンの上に積んでいく。よく見れば、アイスは謎のお化け人間の顔。そのアイスを食べているうさ子。ここからは、食べたり食べられたりの応酬になっていく。残酷に破壊すれば、また何倍かになってしっぺ返しが戻ってくる。破壊したら破壊される。目には目を、歯には歯を。恐ろしい迫害的な循環が遊びの中で表現された。この時点で面接は開始より半年を経過していた。彼女の心の奥にある迫害的な感情がこうして表に現れてきたのだ。こうして、しばらく、面接の中では、食う・食われる、殺し・殺される世界が表現され続けた。

クラインは、幼い子どもは意識と無意識の関連が密接で、抑圧が大人ほど強くない事などを理由に挙げ、大人以上に無意識的なものが表れやすく、速い展開をしていくと述べている。これを、平井[4]は「クラインは、まだ三歳にならないような幼い子どもとの間にもこの幽霊どもが出現することを発見した。それどころか、大人との間でのように恥ずかしげに少しずつ姿を見せるということはなく、治療開始とともに瞬く間に、治療室はさまざまな人物でいっぱいになる」と表現している。子どもの治療の場合、こうした早い展開の中で、子どもの表現するものに対して迅速にとりこぼしなく対応していく必要性が高まる。さらに、表現される無意識的な世界は壮絶で直接的である。たとえ、重篤な症状を訴えているわけでなく現実適応が比較的高いと思われる子どもでも、血なまぐさいドラマがそこに起きる。そこでの展開は、重篤な精神病圏の人の世界を見るようである。子どものプレイセラピーに対して、穏やかで楽しい「お遊び」を想像していると大火傷をするだろう。エスター・ビック[7]は、子どもの分析家の体験するストレスについて、「大人、少なくとも精神病ではない大人のセラピーをしている分析家より大きい」といっており、同時に彼女は治療経験の浅いセラピストが子どものケースを担当することについて感じるさまざまな危惧を述べ、スーパービジョンによってその責任を分担してもらう必要性を説いている。現在日本では、子どもの治療というと、大人の治療よりも軽いもの、易しいものと受け取られがちである。精神科医も、子どものケースは比較的経験の浅い心理士にも躊躇せず心理面接の依頼をする場合が多いように思う。また、多くの臨床心理士養成コースを持つ大学の心理相談室では、子どものプレイセラピーを、フレッシュな大学院生のイニシャルケースとして担当させることも少なくない。私は、こうしたことはとても危険なことだと常々感じている。子どもに対してのインテンシブな治療は、できれば、精神病院で多くの精神病圏の患者たちとのかかわりを持ち、人格障害圏の大人の患者との修羅場を経験して養われるような感覚をベースにして取り組むことが望ましいのではないかと考えている。[12]

## 具合わせ

「先生、親の育て方や接し方に何か問題があるのでしょうか」

美里の母親は不安げな表情で私に尋ねた。子どものプレイセラピーをしていく途中で、時々親の面接を設定して子どものセラピーの状況を説明したり、現実生活の情報を親から得たりする。美里のセラピーが開始されてしばらくは度々こうした質問が母親の口から出た。私が母親から聞いた成育歴からは直接的な原因と思われる決定的なエピソードはないように思われた。母親は、一人っ子の美里の身体の健康や病気に対しては敏感で、やや過保護の傾向はうかがわれた。とはいえ、その接し方を大きく変更しなければならないような逸脱したものでもなかった。たとえ、その養育態度を過保護から一八〇度転換して放任主義に変更したとしても、それで美里の症状が消えるわけではないであろう。

子どもの問題には、親の養育態度や家庭環境が大きく関与していることは少なくない。全く関係ないというケースも存在しない。しかし、子どもの心の中で起きていることの全てが親の生み出した産物であるわけではない。子どもは生まれながらにすでに自らの内なる世界を作り出す種を抱えている。クラインは「無意識的空想活動は誕生時から存在している」と言っている。したがって、子どもが空想をしたり、遊びで表現している世界に登場する人たちが必ずしも現実の母親や父親のレプリカとは限らない。厳しい父親と攻撃的な子ども。溺愛する母親と甘えん坊の子ども。まるで貝合わせのように、一対一対応でぴったりとペアができるほど話は簡単ではない。子どもの遊びの中にとても厳しい女性が登場し残虐に罰を子どもに与えるストーリーが展開すると、「きっとこの子のお母さんはこんな風に厳しく子どもに接しているに違いない。もしかしたら虐待でもしているのではないか？」と考えるのは早計である。ともするとこんな誤解がされ、治療機関を訪ねたことでかえって傷ついてしまった母親もいるのではないだろうか。

子どもは、現実の親と接触する中で、そこから吸いとったエキスを注いで、自分の生まれながらに持っている空想の種を育てていく。赤い花の種も、時にはある種の栄養素が多すぎて赤い花がより鮮やかに燃えるように咲くかもしれない。または少なすぎれば、逆に赤と青が混じったようなあいまいな色の花が咲いてしまうこともあるかもしれない。いずれにしても種の中には赤い花の遺伝子がすでにあったのだ。このように、子どもの心の世界は、子ども自身の内にあるものと親の心との相互作用によって形成されるものと考えられる。この相互作用の過程については、クラインの弟子のビオン[8]が詳細なモデルを提示している。

その後、美里との面接では、私は収集された幽霊たちの一人とされた。彼女の描いた絵を私が他児と共に鑑賞し、さらには描き加えられるのではないか疑い、それを回避するために、彼女は描いた絵を家に持ちかえりたいと言った。またある時は、彼女は入室するや否や、いつも私が座る席に突進し座った。「先生の座る席はないわ」といって大笑いをした。

治療者は患者の内的世界のドラマの登場人物にされる。美里は、私を略奪者にしたて、また略奪された者にもした。加害者と被害者の貝合わせだ。元をただせば、二つは一つ。美里の心の中にある一つの対象なのだ。私は、美里の言動によっていろいろな気持ちにさせられた。濡れ衣を着せられた気持ち。怒り。惨めさ。その人の持つ台本によって治療者が体験する感情はさまざまである。このような治療者が体験させられる、体験することになっている感情を「逆転移感情」と精神分析では呼んでいる。その感情を持ちながら私は、彼女だけの占有の玩具箱を、大切に誰にも触れられることなく保管し続けた。それは、彼女の台本にはない新しい筋書きであった。加えて、私は、彼女が私に感じさせている気持ちは紛れもなく彼女自身の心の中にあるものと同じなのだと伝えた。さらに、貪欲に彼女の存在を奪い取ろうとしている幽霊は彼女自身でもあるのだと言葉で伝えていった。

次第に、美里の面接では、うさ子は消えて、ペアが主人公になっていく。そっくりな双子の女の子がリンゴやジュースや席の取り合いをする。その一方で、時折幽霊は悪さをするが、出現が減っていく。回を重ねていくうちに、そっくりの双子は二卵性になっていく。男の子と女の子の双子。天使と悪魔の子のペア。良い子と悪い子。さらに双子はそれぞれ違うキャラクターの幅を広げていき、互いに喧嘩をすることもあれば、共同作業をすることも出てくる。次第に、二人組は双子ではなく、ネコと犬のコンビであったり、リスと鳥の夫婦へと展開していく。二年を経過した頃、ペアは一人のリスの子どもへと集約していく。美里は、リスの子のいろいろな側面を説明しながら、正面から見た絵、後ろから見た絵、斜めから頭上からとアングルをいろいろと変えて描いていった。その後あるセッションで、美里はリスの子が自分の名前の描かれた樹の洞を見つけ、そこに帰っていく絵を描く。その絵を描き終わった後、彼女の方から、「そろそろ面接を終了したい」という申し出がある。洞を見つけたリスの背景は夕焼け空で描かれていた。その落日の空の茜色が私を何かさみしい気持ちにさせた。

申し出があった後、三カ月ほどの間、仕上げのような面接を重ねた。そして、彼女が毎週クリニックへ通ってくることは終了となった。面接のフェイドアウトに伴って何回か母親面接が設定された。母親からの情報では、彼女の排泄の確認は消えていた。死をめぐる不安を口にすることもなくなっていた。美里はほとんど休むこともなく登校をし、元気に学校生活をすごしていることなどが語られている。

## 赤い糸

美里の心理面接が終了して一年近く経ったある日、彼女の母親が面接を希望された。久しぶりに訪れた母親の話は、美里のことではなく、母親自身のことであった。

わたし、ある事に気がついたのです。わたしの姉の名前は「美佐子」といいます。そしてわたしの名前は「佐登子」というのですが、娘の美里《みさと》という名前はわたしの姉の名前とわたしの名前を合わせたものだったのです。

突然名前のことを言われて、私は驚き、すぐに彼女の意図することが理解できなかった。

続けて彼女はいっきに話した。

美里の通院が終了した後、美里が元気に生活しているのと裏腹に、わたし自身が何かわけもなくイライラすることや涙もろくなることが続いていました。そんなある日、美里の学校からの書類に家族の名前を記入しながら、わたしは気がつきました。美里の名前の隠された意味を。わたしは姉に会ったことはありません。長女である姉は生後まもなく病気で亡くなっています。わたしは、それから二年後に生まれました。わたしはたった一人の女の子として可愛がられました。でも、両親は姉の死をとても悲しんでいて、「もしお姉ちゃんが生きていたら今頃は」という言葉を常に聞かされて育ってきました。時として、「お姉ちゃんの分も頑張りなさい」「お姉ちゃんだったらこんな失敗はしないよ」といわれることもありました。姉は生後すぐに亡くなっています。だから、姉は、ランドセルも背負ったことも、運動会に出たことも、受験に挑んだことも、……無いはずなのです。姉はもう存在していません。でも、両親の目にはいつも空想の姉の姿が映っていました。わたしの名前は、姉の名前の一字を取ってつけられています。自分の背後にはいつも亡霊の姉が存在していました。「わたしは姉の身代わりだろうか。わたしは一体誰なのだろう」

そんな思いが常にあり、いつも自分の行動に自信が持てませんでした。いつも姉の話を引き合いに出す両親への反発も感じながら、心のどこかで、会ったこともない姉に対して罪悪感がありました。「わたしは生きていてごめんなさい」。そんな思いがよぎり、知らず知らずに自分の感情を表現することに憶病になっていました。

結婚したのちは、ほとんど姉のことを思い出すことはありませんでした。そしてわたしは、最初に生まれた女の子に「みさと」という名前をつけました。その名前の響きが気に入って、漢字を夫が選んでくれました。その時は意識していなかったけれど、今になってみると、「みさと」というのは、わたしであり姉でもある。そんな意味を持っていたように思えてなりません。もしかしたら、わたしは美里にとんでもない思いをさせていたのでしょうか？

こうして佐登子が話し終えた後、私たちの間にはしばし沈黙が流れた。母親面接では全く語られたことのない事実が、初めて私に伝えられた。そして私は彼女にこう言った。「あなたの無意識の思いが美里さんに全く影響していないとはいいません。ですが、それが美里を不安定にさせた原因の全てというわけではないでしょう」。それを聞いて、佐登子は少しほっとした表情を取り戻した。しかし、美里の治療終了後、佐登子自身が精神的に不安定な状態になり、それを改善したいという希望が佐登子から語られた。私は、佐登子自身が心の奥にしまいこんでいた姉をめぐって心の葛藤を整理する時期が来ているのかもしれないと伝え、彼女もそれに同意した。そして彼女自身の心理面接が開始された。

私は子どもが面接室で繰り広げるドラマを、生のまま両親に語ることはしない。治療の経過を親に説明することはあるが、そこでの話は、子どもの無意識的空想をそのまま披露するのではなく、もっと現実的な事象へと翻訳をして伝えている。したがって、美里が格闘していた幽霊たちの話を母親が知ることはない。しかし、佐登子の話は、美里が表現したテーマと一致する。幽霊に自分の存在を奪われる恐怖を体験していた美里。姉の亡霊に自分の存在が不確かになる幼児体験を持つ佐登子。二人は見えない糸でしっかりとつながっているように私には感じられた。

「誰でも人は隠された物語を持っています。これらの物語は、そのひとがある特別な境遇に置かれるとあらわになります」

乳幼児精神医学の実践の中で母 - 乳幼児心理療法を開発しているスイスのクラメール(9)が、その著書の冒頭で述べている言葉である。クラメールによれば、「母親（時に父親）の葛藤が子どもに投影されて、子どもはその投影の具現者となり、そのシナリオを演じていく」とされ、そのシナリオを「赤い糸」と表現している。親の期待する思いや葛藤が意識的にも無意識的にも何らかの形で子どもの心の形成と成長に影響を与える。さらにその赤い糸は、その前の世代の赤い糸ともつながっていることもある。こうした世代を超えて葛藤が伝達され継承されていくことを、「世代間伝達」という。この世代間伝達の赤い糸の渦の中でもがき苦しむ人々がいる。その例としてよく挙げられるのが「虐待児の母親は自身もまた虐待児であった」という事象である。虐待だけでなく、訪れた患者の話の中に、私はこの赤い糸の一端を垣間見て驚くことがしばしばある。ある世代の親子関係の軋轢、家族の秘密がスタートとなり、次のまた次の世代へと伝達されている場合もある。中には新聞テレビで報道されたニュースの関係者（被害者もしくは加害者、その家族）の愛憎や怨念が、すでに事件そのものは世間の記憶の彼方に消えて去ってしまった頃に、姿を替え次世代の人の心の膿として外に現れていることもある。さらに驚くべきは、すでに戦後七十年近くになろうとしている今、戦争の傷跡が脈々と孫または曾孫の代へと継承され、戦争を知らない世代の心の中に影を落としていることに気がつくこともある。この平成の時代に、「もしかしたら、未だ戦後は終わっていないのかもしれない」と考えさせられたケースもある。そう思うと、日本を襲った東日本大震災はつい最近の出来事であるが、同じくこの未曽有の災害による心の傷つきを癒すのに百年の年月では足りないかもしれない。人々の記憶の中で風化した頃に、ずっと先の未来に、どこかで誰かの心が叫び声をあげるのかもしれない。災害直後の危機介入だけでなく、そんな時にこそ私たち臨床心理士にできる仕事がそこにあるのではないだろうか。

さて、話を「名前」に戻すが、子どもにつけられた名前によって世代間伝達の赤い糸の一端がうかがい知れることがある。フロイトがよく「子どもたちに名前をつけることで子どもたちを幽霊にしてしまう」と言っていたことをクラメールは取り上げているが、親たちは名付けることで何らかの期待や思惑を子どもに付与する。これは特別なことではなく、多くの親たち、いわばほとんどの親たちがしていることである。それ自体が悪いことではない。子どもたちは、親の期待をエネルギーにして輝く事もあり、また親の押し付けを見事に外し打ち砕くことで自ら固有の人生を作っていく事もある。一方親は、時に満たされ、時に裏切られながら、子どもを通して成長していくものかもしれない。

家族がメンバーの誰かを失った時に、その喪失を再生へと変えたいという欲求が高まりやすい。それが、新らしい家族メンバーの誕生に結びつくこともある。そして新たなメンバーである子どもに亡き人の名前を重ねることもある。その赤ちゃんの託された家族の思いは重く、時にその子の人格形成に影を落とすことがある。

シュールレアリズムの代表的な画家サルバドール・ダリは兄が病死した九カ月後に生まれている。そして兄と同じ名前をつけられ溺愛された。ダリの奇をてらった自己顕示欲は、兄の身代わりであると感じていることの反動でもあったといわれている。彼は自叙伝[10]の中で自らの少年時代を、「複製であり、木霊であり、ぬけがらだった」と述べている。

同じく画家のフィンセント・ファン・ゴッホの例もある。彼には自分が生まれるちょうど一年前に死産した男児、つまり兄がいた。そして彼もまた、その兄と同じ名前をつけられている。兄の死んだ命日三月三〇日、それはゴッホの誕生日でもあった。ゴッホは毎日曜日に礼拝堂に行くたびに、その隣にある兄の墓を拝まされていた。墓に刻まれた自分の名前をゴッホはどんな気持ちで見ていたのだろう。ゴッホは晩年の五年ほどの間に、四〇枚以上のおびただしい数の自画像を描いている。彼は鏡で自分の姿を見て、さらに見て、えぐられるほどに見て、「おまえは誰なのだ」と自問しながら描き続けたのであろう。それは、彼の自己存在の確認作業でもあったように思われる。ゴッホはある自画像を手掛けている最中に、彼の弟テオ宛の手紙にこう書いている。

「人はよくいう、自らを知ることはむずかしい、と――ぼくも心からそう思うが――しかし自分を描くこともまた容易なことではないのだ」

(テオへの書簡六〇四より)[11]

母親佐登子の心理面接はその後一年ほどで終了した。彼女は幼少期から始まって現在に至るまでの亡き姉をめぐってのさまざまな気持ちを整理した。通常、心理面接が一年で行える作業はたかがしれている。おおむね

二、三年、時に五、六年、さらにそれ以上かけてやっとひと仕事が成し遂げられるものだ。佐登子の場合、美里のプレイセラピーが進行している間、美里の変化に佐登子の方も何がしかの影響を受けていたのかもしれない。水面下では同時に佐登子の内的な問題もひそかに展開をしていた可能性も考えられる。彼女が自分の心理面接を希望して再度私の前に現れた時、彼女はすでに今まで気がつかないでいた自らの無意識に気がつき、自分なりの洞察もしていた。通常はここまで来るのに数年かかる事もある。そう考えれば、面接開始時にはすでに八合目まで登りつめ、私は最後の仕上げを少し手伝っただけかもしれない。美里の治療開始から数えると、五年ほどの時間が経っていた。クラメールは、「運命は治療できる」といい、子どもが親のシナリオを担いながらそのシナリオを書き変えていく潜在可能性について触れている。

わたしは美里の次の子どもを持つことを恐れていました。姉は死んでいるのに、わたしが存在していてはいけないように感じていました。同じように、美里の次の子どもは存在してはいけないと思っていたのかもしれませんね。


佐登子は最後にこう語って面接室を後にした。

それから一年後、春、わたしは美里から雛人形のイラストがかかれた手紙をもらった。

母親佐登子の手紙と家族写真を見た私は、彼女の言うサプライズが何かすぐに分かった。そこには新しい家族のメンバーとして生まれたばかりの赤ちゃんが加わっていた。新たな家族は男の子だった。この家族に新しい歴史が始まったようだ。

# 第三章　立《りっ》夏《か》──精神分析的プレイセラピーの中で築くもの

たいせつなこと
　マーガレット・ワイズ・ブラウン

くさは　みどり
くさは　おおきく　のびて　あまく　あおい　においで　やさしく　つつみこんでくれる
でも　くさに　とって　たいせつなのは
かがやく　みどり　で　あること
(略)
でも　あなたにとって　たいせつなのは
あなたが　あなたで　あること
マーガレット・ワイズ・ブラウン『たいせつなこと』[1]より

# 馬祭り

端午の節句の翌日、五月六日は、立夏という。毎年のことだが、この日に稲沢市内にある国府宮神社では、「馬祭り」がおこなわれる。この行事は、五穀豊穣を祈る祭りで、今の形で行われるようになって、三百七十年ほどになる。正式には「梅酒盛神事」という。この祭りの主役は馬と男の子だ。この日は、小学校も特別に午前中だけで終わり、給食を食べたらすぐに帰り、祭りに備える。この地区だけのことだから、オレはなんだか得をした気持ちになる。祭りでは、十数頭の馬がさまざまな飾りを付けて参道を駆け抜ける。その様子をオレは毎年わくわくしてみている。さらに子どもたちが注目するのは神代だ。神代とは神様の代わりになるという意味だ。毎年、神社の近隣の子どもたちの中から、この神代が選ばれる。十歳以上の男子の中から選ばれることになっているが、ここ数年小学校の六年生から誰かがこの役を抜擢されている。着物を着て矢を背負って馬にまたがった姿を多くの男の子が憧れる。オレの兄ちゃんも今年は六年だ。「六年になったら神代やるぞ」と言っていた兄ちゃんだった。その頃の兄ちゃんはかっこよかった。サッカーも強かった。神代はきっと兄ちゃんがやるものだとオレも思っていた。だけど、兄ちゃんは去年からなんだか調子が悪い。イライラして、時々腹が痛いと言って学校を休んでいる。母ちゃんがいない時はオレを殴って気持ちを晴らしている。オレの大事にしている物を壊す。オレの自慢の遊戯王の特別なカードも盗られた。「前はもっと違ったのに、どうしちゃったんだよ！」と怒鳴りたいけど、また殴られるから言わない。結局、今年の神代は、同じ通学団のケンがやる事になった。今のオレは、「やっぱりな」って思っている。

「邪魔なんだよ、ぼけ！」いきなり誰かに背中をけられて転んだ。砂を払いながら立ちあがり後ろを向くと、同級生のショウタとその取り巻きたちがにやにや笑って立っていた。

「何するんだよ！」とオレはショウタを睨みつけた。ショウタはえらそうな表情で腕組みをしていた。「オメエな、そんな所で、でかい面して、座ってるんじゃないよ。いいか～。オレの兄ちゃんは神代をやるんだ。だから、馬引きの先頭は弟のオレ様がするにきまってるだろう。オメエの兄ちゃんはえらそうなこと言っていてなんだよ、神代はおろか馬引きにも出てこないじゃないか」。ショウタがそう言い終わる前にオレはショウタに殴りかかっていた。しかし、相手は複数だ。たちまち二、三人に殴り返されて、泥まみれになっていた。途中で大人がやってきて仲裁に入り、オレもショウタも叱られ離された。神代以外の子どもたちは、「馬引き」といって、さまざまな飾り付けをされた馬たちを牽いて国府宮神社の周辺の地域を練り歩く。そのために、神社の境内に並んで待機をしている。そこで起きた喧嘩だった。オレは面白くなかった。毎年わくわくして参加している馬引きも、今はつまらない行事に感じられていた。兄が神代に選ばれたぐらいで威張っているショウタにも腹を立てていたが、それ以上に今日この行事に参加しなかった兄ちゃんに対して苛《いら》ついていた。兄ちゃんは今朝六時ごろから大暴れをしていた。そして、結局兄ちゃんは学校には行かなかった。オレも理由もなく殴られた。今日の馬引きにも参加するなと凄《すご》まれた。オレも、もう馬引きなんてどうでもいいような気持ちになっていた。でも、兄ちゃんに対しては、「オレは誰がなんて言おうが馬引きに行くぞ！」と言い捨てて家を飛び出してきた。オレはその時の事をぼんやり思い出していた。馬引きのために待機している子どもたちの輪からいつのまにか離れ、オレは神社の境内の隅で、一人で座っていた。兄ちゃんの顔が浮かび、涙がこぼれてきた。こぼれた涙が唇に流れ、先ほど殴られた時にできた傷口にしみた。そこへ人の気配がした。ふと見上げると、同じ通学団のヤスが立っていた。ヤスはハンカチを差し出した。「血が出てるぞ、痛いだろう。拭《ふ》けよ」とぼそっと呟くような声で言うと、ヤスはオレの隣に座った。「オレもさ、こういう行事に参加するのはあんまり得意じゃないんだよ」と言って、ヤスは体操座りをして脚を抱え込み、膝の上に自分の顎を乗せて遠くを見た。

オレは改めてヤスをまじまじと見た。オレはヤスのことをよく知らなかった。同じ通学団で登校してはいるものの、ほとんど話をしたことはなかった。なにせヤスは昨年までは通学団にも加わらず一人で登校していた。そんなヤスと、今年四年生になって同じクラスになった。クラスの中で目立つ存在ではなかったが、オレはなんだかヤスのことが気になっていた。ヤスとは一年生の時も同じクラスになったことがある。入学したばかりで、クラスの中は落ち着きなくがやがやとしていた。しかしその中で、一人誰とも目を合わせず、話すこともせず、黙って一番後ろの席で下を向いて座っているヤスは誰も眼から見ても異様だった。そうかと思えば、ヤスは突然何かの拍子に怒り出して大声を出した。周りの者はヤスがなぜ怒っているもかもわからず驚くばかりだった。へたをするとヤスは偶然に居合わせた同級生を容赦なく殴りつけもした。こんなヤスと遊ぶ子はおろか近づく者もいなかった。入学後一カ月もしないうちに、ヤスの姿は教室から消えた。正確にいえばヤスは学校へ来なくなったのだ。母ちゃんから、「ヤスはもう学校へは行かないから通学団に現れない」と、何かの連絡事項のついでに伝えられた。その時、「狂った血が流れているからやっぱりこうなるんだろうね」と母ちゃんの言った意味がオレにはよくわからなかった。だが、その言葉が妙に気になってオレの頭の片隅に残っていた。その後、オレはヤスの事はすっかり忘れていた。しかし、3年生になってから、時折保健室にいたり、隣のクラスにいたりするヤスを見かけることがあった。その度に「学校へ来るようになったんだ」と、思い、オレはなにやらドキッとしていた。だけど、それがどうしてなのか、オレにもよく分らなかった。四年になって、クラスメイトとなったヤスを見て、随分以前の様子と違うものをオレは感じた。以前のヤスは不気味な奴だった。しかし、四年生になったヤスは、やはり言葉は少ないものの、幽霊ではなかった。奴は、特別優れた力を発揮するわけではなかったし、テストでいい点を取るわけでもなかった。しかし、確かにヤスが自分の足でそこにしっかり立っていることが感じられた。そして、四月からずっと、ヤスは一日も休まず登校し、静かに、それでいて自然にクラスの中に溶け込んでいた。


オレは、少し勇気を出して隣に座っているヤスに聞いた。

「おまえさ、なんかこのところ調子いいよな」

「え？　そうかな？」とヤスはきょとんとした表情でオレの方を見た。

「学校へ来てるよな。毎日」

「うん。それはシゲもだろう。同じだろう」と、ヤスに自分の名前を初めて呼ばれ、オレは何かくすぐったいような心地よさを感じた。

「そりゃそうだが、おまえしばらく学校へこなかったがぁ。それだけじゃなくて、なんかしっかりしたっていうか、オレがそういうのもなんだけどな。調子いいがぁ～」

「そうかな」というとヤスは座ったたまま、地面の石ころをいくつか拾っていた。

オレはかまわず続けた。

「なんか、どっかへ行っとるんかぁ？　塾とか、空手教室とかスイミングとか、なんか習い事とか？」

ヤスは石ころのいくつかをポケットに入れるとオレの方を向いて言った。

「習い事も塾も行ってないけど……」と途中でヤスは言葉を止めた。

「行ってないけど、なんだよ！」とオレは少し言葉に力を入れてヤスを見た。

「習い事ではないけど。ミヤケに行ってる」とヤスは少しはにかんだように微笑んだ。

「ミヤケ？　なんだ、それは？」

それから、ヤスはミヤケの話をした。一言でいえば、「小さな部屋で玩具を使って遊ぶ」ということらしい。でも、そこには先生が一人いて、何か話をする。しかし、何かを教えてもらうわけではないらしい。なにやらよくわからない。日々の生活のどこにでもありそうな、それでいてどこにもありえないような、遊び。とてもめずらしくて、でもなつかしい。そんな時間がそこにあるようだった。

「今度オレも見せてくれよ、連れてってくれよ」というとヤスは困った顔をして言った。

「秘密なんだ。たいせつなことをやってるんだ」

二人の間にしばらく沈黙が流れた。それから、ヤスはオレの目をまっすぐに見て言った。

「だから、見せるわけにはいかないんだ」

そのヤスの瞳は優しくて、穏やかな自信に満ちたものだった。目の前のヤスが、もう小一の頃のあいつではない事をオレは改めて確認した。

その日オレは、「秘密」「たいせつなこと」という言葉を交互に、まるで呪文のように繰り返しながら家へ帰って行った。

そして、オレはある事を決意した。

## 子どもの「心理療法」

「ヤス」ことヤスオと私との面接は、残るところあと三カ月となっていた。小学校四年生の夏休みで終了の予定だ。約三年にわたる心理療法の終結が近付いていた。今までおこなってきたことのまとめをする段階になっていた。まとめといっても、心理療法のまとめは、学校の勉強などとは違う。今までにない特別な遊びを設定して行うわけでもない。クライエントが終了を意識した中で、自然と終わる事をめぐっての不安や迷いをもつ。そうした思いを整理し、治療者との別れを乗り越えていくことが、新たな成長にもつながり、それこそがそれまでの心理療法のプロセスのまとめといえる。

そんな終わりを意識した、五月のある面接で、絵を描く手をふと止めてヤスオは私にこう言った。

「先生、僕がもうここに通わなくなったら、この時間、この部屋で先生は別の子と会うんだよね。もし僕の友だちがこんな面接をやりたいって言ってきたら、その子の時間になる事もあるのかな?」

私は、ヤスオが終了することをめぐって不安な気持ちが残っている事を取り上げた。自分が通院を止めた後の、「いつもの時間」がどのように誰に使われることになるのか気になっているのだろうと私は伝えた。その指摘は彼に否定されるものではなかった。彼はここの時間を手放したくない気持ちを持っているようだった。しかし、また一方に違った気持ちもあった。そろそろ面接をおしまいにして新たに自分一人で歩んでいく時が来ていることを受け入れつつもあった。そしてわずかながらの自信も垣間見られていた。さらに私が驚いたのは、現実にヤスオは彼の友人とここでの心理療法についての話をしたようだった。そして、その友人がいたく心理療法のことに興味を持った様子で、もしかしたら希望して受診するかもしれないともヤスオは予測していた。彼自身が心理面接で得られたものが自分にとって意味のあるものだと感じていた。もし同じく悩み、心苦しんでいる友人の助けになるのであれば、友人にもぜひこうした場を利用してほしいという趣旨のことを子どもの拙い表現で語った。

とかく大人は、子どもは治療が自分のために必要かどうか、また意味があるかどうかを判断する力がないと考えがちである。到底、子どもが治療者と「治療契約」をして「治療同盟」を結ぶなど難しいことだと多くの人が考えているだろう。もちろん大人のように理路整然とした言葉で治療の意味や動機づけを語り契約を言葉で言い交わすことは難しい。私はこれまで多くの子どもたちとかかわってきた。子どもの遊びや治療者とのやり取りの中に、子ども自身が自分の問題に直面していこうとする意志を見いだし、その動機づけを確認してきた。それは、親に連れてこられるから仕方なくでもなく、他にする事がないからの暇つぶしでもない。また、好きに遊ばせてくれるからでもない。子ども自身が自分の「こころ」のために必要を感じて心理療法の場を求めていることを実感する時がある。

しかし、人によっては「好き放題に遊べるわけで、叱られたり、苦しい思いをするわけではないから、子どもは来たがるのだろう。それは心理療法への動機づけがあるというのとは別物ではないか？」というかもしれない。従来日本で行われてきたような、ひたすら「受容」をする治療者と遊び、楽しいコミュニケーションを持つというプレイセラピーと違い、クライン(2)のプレイテクニックによるものでは治療者は子どもとゲームやスポーツを楽しむことはしないし、イライラの発散をさせるというようなことも促さない。精神分析的プレイセラピーの中で、子どもは必ずしも「楽しい」思いをするわけではない。そこでは、子どもの遊びを通しての表現の意味を理解し、何が起きているのかを子どもと話し合う営みを繰り返していく。この営みを通して子どもの遊びは深まり、子ども自身が、無意識の中に潜み、暴れる幽霊や化け物たちを鎮め、そこに自分らしさの大輪の花を咲かせる。地道な肥やしや水やりは、スカッと爽快な作業でなく時には苦しく辛いものでもある。そうでありながら、確かに子どもたちはその花が「わたしにとってたいせつなこと」であると分かっている。少なくとも私はそう感じ、時にはその子どもの姿に胸を打たれる時もある。

子どもの問題にどう対処するかは、さまざまな考え方がある。それが同じく「精神分析」と呼ばれるものであっても、子どもに対してのアプローチの仕方には違いがある。子どもの精神分析に関する考え方として、アンナ・フロイト(3)を代表とする学派は、「子どもは親に依存し保護される対象」なのでそのアプローチは大人に対しての精神分析とは異なり、教育的な指導が重要であると考えた。そして子ども自身へのかかわり以上に環境である親への指導や環境調整を重視していた。一方メラニー・クラインを代表とするクライン派では、大人に適応していた精神分析技法を子どもに対しても変わらず用いる立場に立っている。クラインは「とても幼い子どもでさえ、しばしば大人を凌ぐ洞察力を見いだすことがある」といっている。この二人が一九四〇年代に、子どもの精神分析をめぐっての「大論争」を繰り広げたことは有名である。

子どもが初めて、精神科クリニック他、心理療法を行っている場所へ訪れる経緯は大人のそれとはずいぶん違っている。大人の場合、一部の病識の無い人を家族がひっぱって連れてくることもあろうが、多くの場合自らが決めて門をたたく。子どもの場合、子ども自身が単独でやってくることはまずない。たいていの場合、親がその必要性を感じて判断し子どもを連れてくる。学校の先生や小児科医など他の専門機関から勧められて親が動くこともある。おおむねこうした形でスタートをするのが常である。初めて会った時に、「どうしてきたの？」と聞いても「わからない」と答えたり、押し黙ってしまう子どもは多い。では、このように押し黙る子どもが本当に全くわけもわからずやってきているのだろうか？　子どもたちに、「なぜあなたは今日ここに来たのか？」と問うことは愚問であるのか？　そうではないと私は思う。表面的には言葉でうまく表現できない場合でも、子どもなりに何かを感じ考え、初診の席に座っている。ただし、子ども自身の動機づけが必ずしも親のそれと一致しているとは限らない。親と子が全く反対の動機づけを持っていることもよくあることだ。

いずれにしても、何かを感じ訪れる子ども自身の思いに触れることなしに、彼らの心理療法をはじめるべきではないと私は考えている。たとえ相手が子どもであっても、「とにかく何でもいいから毎週ここに遊びにおいうしたあいまいな形での導入が「自然」なものという認識が主流で、子どもの動機づけを確認することに眉を顰《ひそ》める人も多い。たとえ子どもであろうと、心理療法をする本人の動機づけをあいまいにしたまま、子どもと会い続けることに私は疑問を感じている。

最近、ここ一〇年のことであるが、大人の仲介なしに、一人で来院した小学生や、親に内緒で電話による問い合わせをしてきたケースを私は知っている。これはごく少数の珍しいことであるが、それより前にはまずなかったことである。また面接を継続中の子どもから、「友人に勧めた」話を聞いたこともある。また、初診にあった子どもから、「わたしの友達もやっている。すごくいいよって聞いている。だから今日は来るのが待ち遠しかった」という言葉を聞いたこともある。いわゆる、子ども同士の「口コミ」である。もちろんこの言葉を額面通りに受け取ってしまわないほうがよいだろう。必ずしも心理療法を正しく理解して求めているとは限らない。しかし、子どもたちは、良くも悪くも「真っ白な」存在ではない。自らの思いは空っぽで、ただ大人に言われるまま心理療法に連れてこられるだけの存在ではないのだ。昨今は学校にスクールカウンセラーが配置されたり、テレビドラマでカウンセラーの仕事が取り上げられたりもしている。そんなことも影響して、子どもたちの耳にも、「心理療法」「カウンセリング」という言葉が少しずつ浸透してきているのかもしれない。潜在的には心理療法を求めている、もしくは心理療法の必要性がある子どもたちがかなり多くいるように思われる。けれども、彼らはそうした機会を簡単に手に入れるわけではない。表面的には元気で健康そうな少年の内側に大変な心の傷つきが膿を宿し、恐ろしい世界に生きている場合もある。だからといって彼らが何らかの症状を呈しているわけでない。また、一見すると人当たりよく適応をしている場合もある。しかし時が過ぎたある時、たいしたことでもない出来事を機に、溜《た》まりに溜《た》まった膿は破裂して噴き出すことがある。なるべくしてなったことと子ども自身は感じており、その一方、その時になって大人たちは慌てる。未だ慌ててくれればよい方である。大変な事態が起きていることすら気づかれないまま放置され、朽ちていく自分をかかえて途方に暮れている子どももいるだろう。

心理療法がもたらすものの価値は目に見える形で表しにくい。しかしそれでありながら、子どもたちの方が大人以上に直感的に重要なことがおきていることを感じている場合があるように思う。けれども、子どもが必要だと思い、意味を見いだしたとしても、それだけで心理療法を始められない。親の理解が必要になる。子どもの口コミの力ははなはだ弱いものである。親が「通わせたい」と思わなければ何も始まらない。親の動機づけがあって初めて、スタートが可能になる。そこが大人のクライエントの場合と大きく異なるところである。

クライン[4]は「子どもの精神分析は成功したセラピーですら、両親からの感謝は少ないものである」と語っている。子どもが咲かせた自らの花は、結果として親にとっては、思いがけなく大きすぎる花であったり、小さくて目立たない事にがっかりさせられることがあるかもしれない。また、花瓶に生けるには少しばかり扱いにくい形状をしていたり、好みの色ではなかったりして、親の思惑といささか異なる結果をもたらすこともある。子ども自身にとっては、「私が　私で　あること」が追求され、意味のある作業がされたとしても、それが残念ながら親にとっては大した価値を持たず、大歓迎もされなかったりする。特に昨今の世の風潮として、目に見える形で成果が示されるものは高く評価されるが、形になりにくいものは軽視される傾向にある。小中学校の学習でも、テストで何点取れるか、だけが問題にされ、子どもが本質的な理解をどこまでしているかを吟味する親は少ないように思われる。塾選びや、学校の先生に対しての評価も、目先の目に見えるものによって評価されがちのように思う。あの先生に教えてもらうと一〇〇点をたくさんとれる。あの先生の指導を受けるとコンクールで賞が取れる。そうした目に見える形の成果がもてはやされる。そうした形に表れにくい指導は、たとえそれが一人一人の子どもの成長や人間形成に意味があったとしても評価につながりにくい。「心」などというものは、何とも形に表しがたいものだ。症状がなくなる、学校の成績があがる、何かの賞を取るというような結果がついてこなければ、子どもにわざわざ心理療法を受けさせようという気になる親は少ないのかもしれない。しかし、一見して分かりにくい、子どもの心の微妙な変化を、大人よりも勘のよい身近な子どもが気づいている場合もある。意外と親よりも友人の方が見えていることもあるのだろう。

## 心の中の基地

心理療法に最初に現れた時、ヤスオは小学校一年生だった。夏休みに入っており、まわりは真っ黒に日に焼けた子どもたちの姿をよく見かける季節であった。ヤスオは、ほとんど家の外に出ず家に閉じこもっていたので色が白く、偏食のために痩せて、目がギョロっとした小柄な男の子だった。待合室では緊張感もなく、機械のようなハイトーンな声で、歌を歌いながら、ソファの上をまるでトランポリンを飛ぶようにして遊んでいた。

ヤスオは祖父母を含む大家族に属していた。ヤスオの下には年子の弟が一人いた。ヤスオの母親はその弟を出産後すぐに精神的に不調を訴え実家に戻り、そのままヤスオのところには帰ってこなかった。その後、両親は離婚をしている。いつのまにかいなくなった母親とは別れの言葉をヤスオは交わしていない。親の話によると、重い精神病に罹り精神病院に入院しているとのことだった。おそらく統合失調症ではないかと推測された。

ヤスオの弟は母親方の祖父母が親代わりとして養育をしているようだった。ヤスオはこの家の跡取りである父親の長男ということで、父親方に留まることになった。父親が親権者となったわけだ。しかし、実際には、父親の日々の仕事に忙しく帰りも夜遅くなることが多かった。父親が彼の面倒をみることは難しかった。それで、父親以外の「同居している大人たち」が代わる代わるヤスオの世話をすることになった。ヤスオの周りにはたくさんの大人がいたが、誰か一人が主に責任を持って彼にかかわることはなかった。それぞれが気分次第で彼を構い、ある時は放っておいた。時には、イライラの捌け口にされ、何か物が無くなったり、壊れたりすると「きっとヤスオがやったんだろう」と濡れ衣を着せられ、誰かの代わりに罰を受けた。特に祖母は世間体を気にして、「気の狂った嫁に、家を汚された」という思いが強く、その怒りがヤスオに向かうことが多かった。保育園入園後も、友達はできず、休みがちだった。棒を振り回し近所の子どもを殴り、首を絞めようとする行為も見られ、度々苦情が舞い込んだ。他の子の喧嘩を目撃した時や、先生が他児を叱る場面では、まるで自分が被害にでもあっているかのように興奮して暴れることが見られていた。そして、小学校入学後、GWを待たずに、不登校状態に陥った。学校に行かなくなったヤスオは部屋に閉じこもってゲームや本に熱中していた。外に出たがらず、風呂に入るのも嫌がることが増えていた。父親が、仕事の同僚にヤスオの様子を漏らした折に、精神科への受診を強く勧められた。そして父親は彼を連れて精神科クリニックの外来へ訪れた。

父親は待合に現れた私を見ると申し訳なさそうな表情で、「こいつは人嫌いなんで、一人で部屋に入ることはできないと思います」と言った。私は、天井に向かってジャンプをしているヤスオに向かって「面接室へ一人で入れるかな？」と聞いた。ヤスオは、私の目を見ることはなく「はあ〜い！」と大声で返事をしてソファの上を飛び跳ねた。父親は「何だ、案外大丈夫なんだ。では、よろしく」とお辞儀をして、すぐに待合の片隅に座り、仕事の書類を出して目を通し始めた。ヤスオもまた父親の方を振り返ることもなく、私に促されるまま面接室へスキップをして走って行った。しかし、彼は大丈夫ではなかった。彼は、一人見知らぬ所へ行く事への不安を「不安」として感じることができなかった。さらには不安をそれとわかる形で表現するすべも持ち合わせていなかった。

初めて面接室へ入ると彼は、壁一面に置かれている玩具の方へ走り寄った。棚に置いてあった蜘蛛のお化けの人形を見ると、突然「ぎゃ〜!!」と大声をあげた。「怖い怖い」と泣き叫びながら、部屋の中をぐるぐると走り回った。私は「初めての場所で本当は怖い気持ちがあったのでしょう」といった。すると彼は私の方を振り向くこともせず、置いてある牛や馬、キリンや象のミニチュアの玩具を床に並べた。そして、彼は銃を構える格好をして「おまえら、皆殺しだ！」と撃つ真似をした。それから、別の動物たちが、「こちらが安全な場所だよ」と呼ぶ。ヤスオに殺されかけた動物たちが命からがら声のする方に逃げていく。すると、それは恐ろしい罠であり、動物たちは殺されるよりももっと恐ろしい地獄に落とされる。さらに、仲間の裏切り、親が子どもを「いけにえ」にする、そんな話を彼は玩具によって表現した。私は、ヤスオが誰にも守られることがない世界に生きていることを理解した。そして私は、そのことを彼に伝え、さらに、今面接の中で体験している気持ちも、いつ治療者の罠にかかり殺されるかもしれないという恐れなのであろうと伝えた。するとヤスオは動物たちの死体の山から一匹のトラの子どもを取りだした。「こいつはまだ生きている。脱走だ」といって、トラがその恐ろしい世界から抜け出して新たな地を求めて旅に出る様子を表現する。私は、そのトラはヤスオ自身であり、面接への恐怖を持ちながらも、迫害的な世界から脱出する可能性をこの面接に求めている気持ちもあるのではないかと伝えた。すると、ヤスオは先ほどまでは興奮気味の高い調子の声で話していたが、一転してトーンダウンした声で「誰が味方か敵なのか、わかんない。安全基地がどこにもない」といって、わたしの前に子トラを置いた。私は子トラが安全基地を探すのと同じように、ヤスオも心の安全基地を求めているのだろうと伝えた。私はそれを見つけるために心理療法に通うことを提案した。彼は積み木を建物に見立てて机の上に並べた。彼は新しい街を作ろうとしていた。それは私が出した提案の答えであろうと理解した。彼は、迫害的な世界に生きることをやめ、新たな確かな街、自分自身を作り上げたいと思っているし、そのために心理療法に通う意志を持っている。私にはそう理解できた。こうした遊びを通したやりとりも一つの「治療契約」における治療目標の共有であろう。

「治療契約」を子どもと結ぶというと、そんなことができるのは特別知的能力の高い子どもだけに言えることであろうという声を聞くことがある。ヤスオは知的能力が特別に高い子どもではない。また、コミュニケーションを他者とうまく結ぶこともかなり難しく、一見し外的適応が難しい子どもであった。しかし、その子が求めているものがあるのなら、その子のレベルで手を結ぶ回路はどこかにあるものだ。

かりに、初回のやり取りで手を結ぶことができたとしても、その後の経過はそう簡単なものではない。その後の彼との心理療法は順風満帆にはいかなかった。彼の生きている世界は荒《すさ》んでいた。救いようのない破滅の世界だった。彼と私の小さな同盟は、彼の心の中で吹き荒れる迫害感の暴風雨によって何度も吹き飛ばされそうになった。ヤスオは蟻地獄や兵士たちの殺し合いが続く殺戮の世界を繰り返し表現した。時には、治療者である私を殺してやるとわめいた。他方で、私に迫害されるのを恐れて、「面接室から出て行け！」と叫ぶこともあった。恐怖の世界の中で、彼が何を感じているのかを私は伝えた。また、私に彼の代わりに体験させようとしている気持ちについて語った。そんなある日の面接でヤスオはモンスターの絵を描いた。モンスターが赤ちゃんの時に寝かされていた雲が嵐によって吹き飛び、吹き飛ばされたモンスターは森に落ちて命は助かるものの、自分が誰なのか、お母さんが誰なのかもわからなくなったという話を作った。私はモンスターとはヤスオ自身のことであろうと伝えた。その後、ヤスオの遊びは、新しい文明を持つ街を求める旅がテーマとなった。それは彼にとっての安全基地、幻のお母さんを探す旅でもあった。

ヤスオは遊びの中で荒地を耕していった。そして何も生き物などなかった土地に街を築いていった。川に橋がかかり、山に木を植えた。畑に作物の種を播き、家畜を飼った。人間の家が建てられ、工場や店が作られた。病院やガソリンスタンドも作られた。

ヤスオは終了も近いある日、図書館で借りた絵本を持参した。「ここに最初にやってきた頃の僕は、生まれたての地球みたいなもんだったんだ」と言ってその絵本を私に見せた。そして、その絵本に書かれたあるフレーズを彼が読んだ。

昔、昔、おお昔、まだ
地球がわかかったころ、とても
いきものは、ここにすめませんでした。
地球の表面は、まっかな溶岩におおわれて、
地球の中心は、白くやけた「液状」の岩だったのです。

こい蒸気や、ちりや、ガスにかくれて、太陽はみえません。

（『せいめいのれきし―地球上にせいめいがうまれたときからいままでのおはなし』[5] バージニア・リー・バートン 文・絵）

それは、まだ何も生き物が住んでいなかった地球のはじまりの様子だった。その絵本では、何十億年も昔から現在に至るまで、生命が誕生し人間が生活をするようになるまでの変遷が描かれていた。

絵本の中で地球上に生まれた生命が数々の進化を遂げその歴史が展開するように、ヤスオは心理療法の面接室の中で自らの歴史を切り開いていった。彼が遊びの中で作っていったものは、心の中の、「物を産みだそうとする力」「危険を克服しようとする力」であった。また、「自分を守る力」の象徴でもあった。さらにそれらは、傷を癒し、エネルギーを補給することにも発展していった。彼は自らの力で自らの内に文明を築いていったのだ。

子どもたちは大人を通してさまざまな力や心の機能を取り入れる。幼少期であればその取り入れの対象の中心は母親を通してなされることが多い。しかし、母親の存在を含めた適切な養育環境が整っていなければ、子どもの心の成長は絶望的であるのか？　いや、そうではないだろう。虐待のように極端な環境に不備があった場合は、その環境から子どもを離す等の対応が即刻必要とされる。環境調整が必要場合もあるだろう。しかし、環境不全の中でも子どもには立ち直る可能性をもっている。

ヤスオの家族は、ヤスオの心の成長にとっては問題を多く持っていた。とはいえ、父親はヤスオを連れて受診した。そしてその後も、父親を始めとして家族の誰かが、彼をクリニックに連れてきた。それは必ずしも積極的な問題意識があってのことではなく、不満や文句を言いながらということも多かった。また時には仔細を知らない隣人が彼をクリニックに送り届けたこともあった。理想的な家族ではない。それには変わりはなかったが、ヤスオは継続して心理面接に通うことができた。家族が子どもにとって理解のある理想的な環境に早変わりすることは難しいことだ。

それがたとえ理想的な家族でなかったとしても、家族のメンバーの少しずつの助力が子どもの治療を支えることもある。岩肌から発芽をして伸びる雑草もある。環境不全の下でも自分の可能性を見いだす子どももいる。

## 一期一会

五月の風がさわやかなある日。夕方の一般診療は四時から始まるが、その少し前から、早目に来ている外来の患者さんが待合にちらほらいる。私は、二階の心理室で、先ほど終わったばかりの心理検査の用具を片づけていた。内線電話が鳴った。外来にいる看護婦さんからだった。小学生の男の子が外来の受付に来て何かを言っているので対応してほしいとのことだった。

私が外来に降りていくと、看護婦さんが、「ほら、あの子ですよ」と、見知らぬ小さな訪問者を外来詰所からそっと指差した。元気そうな小学生の男の子だった。自転車でやってきたのか、小学校の校章が入った白いヘルメットを片手に少し緊張した様子で立っていた。

私は外来に出ていき、「何かな?」と言って彼の前に立った。彼は私をみると、急いでポケットに手をつっこんで何かを探した。何やら紙を取り出して広げて私に見せた。それは皺くちゃになった一万円札だった。

「ミヤケを一つ頼むわ！　金、じいちゃんにもらったお年玉だけど。このくらいあれば足りるか？」

彼の額に汗がにじんでいた。

私は驚いて、「ミヤケを一つ？」と聞きなおした。

彼は、話がすぐに通じない事に少しいらついた調子で続けた。

「オレの友だちがミヤケをやってるって。そいつすごく良くなったんだ。おれもいろいろ困っていることがたくさんあるからさ。ミヤケをやりたいんだ」

彼は心理療法のことを「ミヤケ」と言っているようだった。

少し間をおいて、私は中腰になって彼と目線を合わせた。

「私は臨床心理士の三宅と言います。あなたは？」

彼は少しどぎまぎした表情になった。

「オレかよ。オレは……シゲ。シゲルって言うんだ」

そう言いながらも、彼は視線を外さず私を見た。

「そうか、シゲ君か。で、シゲ君。あなたがここに来たいという話を、お母さんとか、お家の人にはお話ししたのかな？」

「え？　何？　母ちゃんに言わないといけないのかよ」

「う〜ん、そうだね。子どもの場合、お家の人がいいよって言ってくれないと面接できないことになってるね」そう言いながら、私は悔しい気持ちになってきていた。

「そうか、母ちゃんに……か」シゲルの声は少しトーンダウンした。

「難しそうかな？　でも、シゲ君に困っていることがあるなら、がんばってお話ししてみてよ。それでまずはお母さんと一緒に来てもらって、それからお役にたてるがどうか、相談することになるかな」

シゲルは黙って私の顔を見てうなずいた。私は、彼がどんなことで困っているのか聞きたい気持ちにもなった。しかし、この段階でそれ以上の話はできないと判断した。

「それと、ここは病院だから、保険証というのを持ってきてもらうことになるかな」

するとシゲルは驚いた顔で待合を見渡した。

「ここって、病院かよ」

「シゲ君の話をお母さんが理解してくれて、ここでもう一度お話しすることができたらいいね。それで、何かお役に立てたらいいけど。まずはお話ししてみて」

シゲルは大きくうなずいた。

「ほんとは塾に行く日なんだけど、黙ってここへ来ちゃったんだ。今夜、話してみる」

彼はくるりと向きを変えると、玄関の方へ歩いて行った。そして、外に出た彼は、玄関の自動ドアが閉まると、もう一度私の方を振り向いた。彼を見て、今度は私が大きくうなずいた。

しかし、彼が再び私の前に姿を現すことはなかった。

残念ながら、私は彼との出会いを活かすことはできなかった。たった一回のこの出会いを私は今でも時折思い出すことがある。

# 第四章　入《にゅう》梅《ばい》——母親としての自己愛を支える親面接

雨

八木重吉

雨は土をうるほしてゆく
雨といふもののそばにしやがんで
雨のすることをみてゐたい

八木重吉詩集「貧しき信徒」(1) 雨より

## 雨模様

そろそろ梅雨入りも近いのだろう。空は今にも雨が降り出しそうに重みをもった鼠色の雲に覆われていた。わたしは、子どもを連れて初めてクリニックを訪れた。

「初めてなんですが、今日三時から予約をしてあった者です。よろしくお願いします」

わたしは受付で健康保険証を出した。受付の若い女の人が保険証を開いてみている。

「はい、伺っております。こちらのお子様、ひろし君でよろしかったでしょうか」

わたしが頷くと、その人は受付票と問診票の用紙を差し出して言った。

「簡単で構いません。そちらにお座りになってお書きください」

わたしはペンと用紙を持ったままどこにすわろうか？と待合を見渡した。子どもが少し不安げにわたしの顔を見上げている。

「お母さん、どこに座るの？」

「あそこにしようか。あの一番隅のところで。お母さんはこれ書かなきゃいけないから」

待合の中の片隅、玄関からすぐに見えない、目立たない場所に子どもと並んで座った。それから、問診票の項目を順々に見た。何やら緊張感が胸を走る。

「今日痛いことするの？　注射とかあるの？」

子どもの声にさらに胸がざわざわとするような不安が追加された。

「少し静かにしていてよ！　お母さんは今大事なことを書いているのだから」

声の調子が思わず高く強くなってしまった。子どもは表情を曇らせた。そしてわたしのところから離れて待合のカウンターの方へ歩いて行った。その上に乗っている象の人形を触り始めた。わたしは思わずため息をついた。こんな風にわたしが感情的になって怒ってしまうのがいけないのだろうか。そうでなければこの子も問題が無く成長したのだろうか。

そう思い始めたら、このまま全て放り出して帰りたいような気持になってしまった。この後の診察で、「きっとお母さんが問題ですね。あなたの育て方が悪いんだ」と叱られるのではないかという思いが沸いてきて、胸の奥が苦しくなった。そんなわたしの気持ちをさらに追い詰めるかのように大きな音がした。

「がっしゃん！」

先ほどから子どもが触っていた象の人形が床の上に転がっていた。象の鼻が欠けて、欠片が少し離れた所に落ちていた。

「なんてことするの！」

わたしは大声を出して子どものところへ駆け寄った。

「もう、いい加減にしてよ」

わたしは子どもを叱りつけていた。さらに子どもは泣きながら「トイレ、トイレ」と言った。泣きたいのはこっちの方だ。何とも情けない思いがこみ上げている。待合に座っている他の患者さんの視線が気になる。先ほどから年配の女性がちらちらとこちらを見ている。

子ども一人満足に座らせておけないのかとあきれられているような気がしていた。いやそんなこと考えるのはやめよう。わたしは自分にいいきかせた。しかし、いいきかせて閉めたはずの心の蓋がほどなくふっ飛んだ。気がついたときはすでに遅かった。見ると、子どものズボンはみるみる液体を吸って部分的に濡れて濃くなっていた。アンモニアの匂いがしていた。まただ。なんでこんなふうになってしまうのだろう。何もかもがめちゃくちゃになってしまったような気持ちが溢れ出てきた。

※

不登校、非行、話をしない、友達と遊べない、内科的に問題が無いのに発熱や腹痛頭痛などの身体症状が出る、頻尿、夜尿、などなど。情緒的問題から生じた症状や問題行動の改善を求めて、いろいろな子どもとその家族がクリニックを受診する。こうした子どもの親たちが、初めてクリニックの門をたたく時、その心境は複雑なものである。もちろん困っていることがあり、それを改善する機会を求めて来院する。つまりは望んできているし、期待もしている。しかしその一方で親たちは、ある種の挫折感を抱いている場合もある。単純に問題が内科的なことであれば、躊躇せずにすぐに子どもを病院へ連れて行く。しかし精神的な問題の場合、受診を決意するまであれこれと思いめぐらす経緯がある場合が多い。少なくとも、迷い、他に良い手立てはないものかと苦心する。あれこれ試みて、どうにもならず受診を選択する。インフルエンザや胃腸風邪であれば、悪の根源は憎き細菌やウィルスと思えばよい。そうであれば、親も当事者の子どもと同じ「被害者」側のポジシヨンに立つことができるわけだ。しかし、事が心の問題となると話が少し違ってくる。わが子を心身共に健康な子どもとして育てることができなかった。そんな罪悪感を持っていることもある。また、自分は親として有能ではない、つまり「だめな親だ」と感じていることもある。もちろんその感覚に多少の個人差があり、表面的に顕わになっている場合もあれば、心の奥底にしまいこんである場合もある。

そもそも、子どもの性格、また神経症的な症状に親のかかわりが何の因果関係も持たないと言ったらウソになる。人が神経症的な問題を呈している時、その問題を支えている根っこのところに、その人の特有のパターンが絡んでいる。フロイトによれば、(2)そのパターンは、幼少期に母親なり父親なりとの間で経験していたことを再び繰り返しているものなのだという。人はそうとは知らず、そのパターンを知らず知らずに、これでもか、これでもかと執拗に繰り返してしまうことが多い。フロイトはこうした反復行為を「反復強迫」と呼んでいて、彼の治療論ではその反復の認識がとても重要な部分である。

私は常々、親が子どもに注ぐ愛情や子どもへのはたらきがけは雨のようなものだと思っている。慈雨という言葉があるように、雨は大地を潤し、雨の恵みによって草木は成長する。雨が降らなければ砂漠化する。良くも悪くも子どもの情緒発達に親は影響を与えるし、「親が無くても子が育つ」わけではない。クリニックの周囲は田んぼに囲まれており、梅雨の時期には田植えをされた苗が日々驚く勢いで成長する様子を見ることができる。稲の苗と梅雨時の雨はまるで、児童期の子どもと親との関係のようだ。そしてこの時期、空梅雨のように雨が降らなくても困るが、たくさん降ればいいというものでもない。いつまでもダラダラと梅雨が続いていては稲が腐ってしまうので避けたい。また、集中豪雨が続けば、恵みの雨は一変して全てを呑み込み破壊する天災へと発展する。適切な時期に適切な量の雨が降ることが稲の生育には欠かせない。子どもの心の成長にも、適切な時期に適切な量の親の愛情とかかわりが必要である。

さて、親というが、現代日本の家族の中では、母親が主養育者としてその責任を担っていることが多い。母親が子どもに多くの時間接しているのが一般的だからだろう。子どもに問題が起きた場合、母親に責任があるとされてしまうことも多いように思う。ちまたに「母原病」という言葉が流れたこともある。マスコミが「母親がこんなだから子どもがかわいそう」と評する。挙句の果ては社会の悪しき風潮まで世の中の「いたらない母親」のせいへと責任転嫁する飛躍した報道がされる場合もある。母親だったら、子どものために全てをなげうって尽くし、子どもの良き理解者として不安をしっかり受けとめて心身ともに健康に育てていくのが当然のことだ。そんなある種の「母性神話」が社会の中にある。同時に、それは社会の中だけでなく、当の母親の心の中にもどこかに潜《ひそ》んでいたりする。そして、その神話からのプレッシャーに苦しむ母親がいる。さらに、子どもが何らかの情緒的な問題を呈して専門機関に受診した時に、専門家たちから「お母さんが悪い」「お母さんのせいですよ」と言われてしまったらどうだろう。中にはそうした言葉によって傷ついている母親もいる。そもそも専門家の前に子どもを連れていき、その情緒的な問題を解決するために援助を求めること自体、すでに母親としては「良き母としての有能感」を捨てることを意味しているように思われる。子どものためとはいえ、泣きたい気持ちをぐっとこらえてやって来たというのに、あなたが悪いと言われたら、泣きっ面に蜂とはこのことである。

とはいうものの、確かに「母親のせい」という発想が一〇〇％濡れ衣というわけではない。精神分析の理論でも、子どもの情緒発達、人格形成の上で、母親の影響力は大きいものと考えられている。フロイトを始めとしてさまざまな精神分析理論家たちが、主人公である子ども以上に存在感を持つ準主役のようにして、母親についてあれやこれやと論じている。母親について全く言及しない分析家は皆無といえるだろう。しかし、その影響のすべてが悪いわけではない。影響を与えているからこそ、教育が成立する。母親が子どもの発達を促進させる担い手であり、重要な存在であることは間違いない。母親がプラスの影響を与えつつ子どもの情緒が豊かに発達していくことが理想とされる所である。しかし、大人だからとはいえ母親が常に完璧な人であるわけでない。また完璧であることがよいともいえない。さらには、人格の多少の偏りや歪みはどんな人にもある。偏りや歪みは個性ともいえる。それが独特な味わいになるとも考えられる。しかし、この歪みがあまりにも極端な場合や、その時の家庭環境など外的状況と相まって、少なからず困った影響を子どもに与えてしまうこともある。こうした場合は、家庭環境を調整し、母親の精神状態が改善されることで子どもの問題が解決することもある。

## 雨　蛙

「全てがお母さんのせいではないのですよ」

そう私が答えると、光代はさらに半ベソをかいたような情けない顔をして、私と視線を合わせた。

「いえ先生、きっとわたしがダメな母親だからです。先生に頂いたアドバイスに従って頑張って努力します。どうしたらいいのか是非教えてください」

光代と私のこのやりとりを一体何回繰り返したであろうか。光代は面接開始当初から、「母失格」の白旗を揚げていた。私からの「良いアドバイス」を求めた。

誰の目から見てもどうするべきかがはっきりしていることもあるし、大方の方向性を専門家の視点で伝えることが役立つこともある。しかし、多くの場合、本質的な所を解決するような対応策は魔法を使うようにそう簡単にひねり出せるわけではない。たとえ一般論のような話を伝えても、それは使い物にはならないことも多い。こうした方がよいと言われたことをその通りにやれるのかといえば、否である。また、どうするべきか、というのはいろんな方法や選択肢があって、どれか一つに簡単に定まらないことの方がむしろ多いだろう。その人がその人なりに適切な方法を見つけ出して、どうすれば子どもにプラスの影響を与えていくことができるのか。そのやり方を一緒につむぎだし考えていく、もしくは手助けをするというのが、私がいつも親面接で心がけているスタンスである。

光代は息子のひろしの問題で面接にやってきていた。ひろしは小学校三年生の男の子だった。彼は内科的には特に問題がないのに、毎晩夜尿がある。時折嘔吐をする。心因性の身体症状である。昼間に尿を漏らしてしまうことは非常に稀であったが、このクリニックへ初診でやってきた時は待合で漏らしてしまい、その後濡れたズボンを変えずに待合のいすの下にもぐりこんでうずくまってしまう。その時のひろしは診察室に入れなくなってしまい、母親の光代だけが診察室へ入って状況を語っている。それ以後ひろしはクリニックへ足を運ぶことを非常に嫌がり、通院を拒否した。それで、光代だけが親面接という形で継続して来院し、ひろしへの対応について話し合っていた。

梅雨も盛りのある日、周りの水田からは雨蛙の合唱が聞こえていた。いわゆる雨鳴き、レインコールである。今日も雨が降り続くのだろう。面接室の窓ガラスに水滴が当たり流れていた。この日も、朝からまたいつものようにひろしがおねしょをしたという話から面接は始まった。そして、彼が尿で濡れたパンツを振り回して遊んでいるのを見つけて光代がひどく叱ったという。そして、彼女が怒鳴りひろしが大泣きするというものパターンが繰り広げられた。いつもならトーンダウンしてひろしは慌てて身支度を整え学校へと出ていく。しかし今日は違った。光代は、最後にもう一言いつもより多く小言をいってしまい、ひろしは「今日はもう行かない」と言って学校を休んでしまった。

「その上、登校拒否にまでさせてしまった。駄目ですね。わたし」

うなだれている光代に私は言った。

「すべてがお母さんのせいではないのです。もう一度、朝の様子を詳しくお話ししてください」

話は、早朝ひろしが起きてくる前の姑とのやり取りにまで巻き戻しがされた。光代が朝ごはんの支度をしていると台所に姑がやってきて、彼女の作った味噌汁の味見をし、だしの取り方が悪いと文句が出た。同居している姑は家事の一切を光代に任せていた。すでに結婚して二十年近くになるが、姑は光代の家事についてあれこれとダメ出しをするのを怠らなかった。家事についての小言はある程度聞き流せた。光代なりに自分のやり方に自信のような感覚があった。しかし、子どものしつけや教育について非難されることには、心が穏やかではいられなかった。今日もみそ汁のだしの話からいつのまにかひろしの夜尿について言及された。梅雨時は室内も湿気がこもりがちで、頻繁に夜尿があると尿の匂いがいつまでも残ることへの苦情が語られた。さらには、元をただせば幼少時にトイレットトレーニングを光代がうまくできなかったことのつけではないかと責められた。

「子どもの育て方一つ知らないんじゃ、母親失格ですよ」

そう言いながら自室に戻っていく姑の声とスリッパの音が光代の耳の奥で何度も響いていた。彼女は自分の目の奥にジーンと熱っぽいものを感じた。彼女はそれを振り切るように時計を見るとすでに七時だった。たいへん、早くひろしを起こさなければと気持ちを切り替えてひろしの部屋へ向かった。そして彼の部屋の戸を開けてすぐに光代が見たのが、おねしょで濡れたパンツを振り回しているひろしの姿だった。目の奥の熱が一気に頭中にまわったように、光代は怒りだした。そしてひろしは泣きだして、いつものようにやり取りをした。その後、彼女はどうにもならないモヤモヤを吐き出すようにいつもとは違った一言を加えた。

「そんなおねしょばかりしている子は、小学生失格、学校へ行く資格なんてないわ」

ひろしはいつもなら泣きながら服を着替えてご飯を食べる。しかし今日はいつもと違った。

「もう学校なんて行かない」

ひろしは濡れたパンツを壁に投げつけ、押し入れの中に入り込んでしまった。

「お母さんは、ひろし君のおねしょの事以外に腹を立てていたことがありましたね」

私の問いかけに光代は少し焦った調子で答えた。

「いえ、怒ってなんていません。姑に言われたことはその通りです。母親失格だなとずっしり暗い気持ちになっていたのです」

光代は自分が母親として今一つ自信が持てない、本当にこれでいいのかと迷うことが多く、またそれを周りから指摘されると気持ちが落ち込み、時にはイライラすることなどを語った。ひろしの問題が全て光代のせいではないが、彼女の精神状態とひろしの言動や症状に何か関連性があるのかもしれないとわたしは伝えた。さらにわたしは、その関連性をより詳細に検討してみることを提案した。

「蛙が鳴くと雨が降る」これはよく知られた言い伝えである。他にも蟻や燕等、自然界にお天気予報官はいろいろいるが、雨蛙が断トツに知名度が高いだろう。これはただの迷信ともいえず、実際に雨蛙は天気予報官としての能力が高い。蛙が鳴いて三十時間以内に雨が降り出した割合は、五〇％から七〇％にもなるとも聞く。それは、科学的にも全く根拠がないわけではない。雨蛙は全身を薄い皮膚で覆われていて、湿気や気圧変化の兆候をいち早く感じ取る。それは雨蛙が呼吸や水分補給をこの皮膚からの取り入れにおおむね依存しているからのようだ。雨が近づき気圧が低くなり湿度が上昇すると、酸素や水蒸気を皮膚を通して取り入れて、元気になって鳴くことができるようだ。

雨蛙と同様に多くの子どもたちは母親のこころのお天気具合にとても敏感である。半ば反射的にとさえ思えるほどに、母親の感情に無意識的に反応して行動したり、時には症状を増減させることもある。母親が良いか悪いかを判断するのではなく、まずこの関連性を吟味することは重要なことである。「お母さんのせい」というような犯人探し的な発想ではなく、母子の情緒の意識的無意識的なつながりを共に点検することで、母親自身が自分の感情や子どもとのやり取りを今までより少し冷静な客観的な視点でとらえることができることは多いように思う。そんな所から新たな局面が開かれることもある。

## 雨漏り

その後、光代は「母親として自信が持てない」自分について話題にすることが増えていった。彼女は、ひろしを出産し、そして子育てをしてきた経過を振り返っていった。

彼女の実母はすでに他界していた。彼女が小学校六年生の時に、乳癌が発見された。その後あれよあれよと言う間に母親は衰弱して、彼女が中学一年の時に亡くなっている。彼女には三つ違いの弟と五つ離れた妹がいた。父親は家事には不慣れで、母親が病床に伏して途方に暮れたが、父親の妹や母親の兄嫁など親類たちが温かく援助の手を差し伸べてくれた。彼女たちの力を頼りに光代もずいぶん背伸びをして頑張った。弟妹たちの世話や食事の支度、洗濯、掃除など、叔母たちに助けてもらい、父親と協力して小さい彼女はこなしてきた。そして結婚して家を出る時、花嫁姿の彼女に父親がこう言ってくれた。

「小さいお母さんの卒業万歳だ！　今度は本当にお母さんになる番だ」

その時はとても誇らしく嬉しく感じられた言葉であった。しかし、その後彼女はその言葉を笑顔で思い出すことができなくなっていった。

家庭だけでなく、結婚前に勤めていた会社でも光代はよく気がつく働き者と言われた。そして明るい快活な性格のため男性からも女性からも人気があった。そして夫の勝彦は、その会社の取引先の跡取り息子で、二人は恋愛結婚をする。勝彦の母は、光代が父子家庭の娘であることを理由にその結婚にあまり賛成はしていなかった。一方、勝彦の父親は彼が高校生の時に心筋梗塞で突然亡くなっており、その後父親の代わりにその弟が社長を代行し、行く行くは勝彦が引継ぐことになっていた。夫の勝彦は「それを言ったら、うちだって母子家庭じゃないか。同じだよ」と難色を示す母親の意見には取り合わずゴールインした。

光代は寿退社をすると、夫と姑の住む家に入った。新婚当初から彼女の家事の仕方について姑から厳しく言われることも多かったが、彼女は「自分の母から教えてもらえなかった分を教えてもらっていると思えばありがたいし、全く苦にはならない」と言っていた。

しかし、結婚後二度の流産を経験して、それから五年近く妊娠しない期間が続いた。すると、しだいに姑を始めとして親戚の人たちから「後継ぎはまだか？」と聞かれることが増えた。その度にプレッシャーがかかり、「いつまでたってもお母さんになれない」ことに心を痛めていた。そんな中で結婚一〇年目にして待望の長男が授かる。それがひろしであった。出産直後から、親戚が入れ替わり立ち替わりやってきては赤ちゃんを抱っこし、またミルクを与えたがった。そんな落ち着かない生活の中で光代は出産後一カ月もしないうちに母乳が止まってしまった。

ウィニコット(3)という精神分析家は、赤ちゃんとお母さんのペアに注目した人である。彼は、出産直後しばらく、生まれて間もない乳児に一体化するのに近い感覚で育児に没頭する母親の状態を、「母性の原初的没頭」と名付け、この時期の母子の一体感の重要性を指摘している。この一体感を支えにして母親は子どもの欲求を読み取り、子どもはまた情緒的に満たされるという。

光代とひろしの母子間にさまざまな外的な侵入が立ちはだかり、光代は「没頭」という夢のような感覚に集中することができなかった。ひろしも眠たくても寝れない、寝入りが苦手な赤ちゃんだった。彼はよく夜泣きをした。親戚は口々に勝手なことを言った。ある者は、泣かせないようにできるだけ抱っこをして愛情を与えた方がよいという。ある者は、あまり抱くと抱き癖がついてしまい堪《こら》え性のない子になるから、できるだけ抱っこは控えめがよいという。光代は、子育てについてだんだん迷うことが増えていった。ひろしがどんな欲求を持って泣いているのかが読み取れなくなっていった。母親としての「自分の感覚」を持つことができなくなっていった。目の前の子どもに何をしてやったらいいのかわからず、途方に暮れた気持ちになることが度々あった。こうして光代は、周りの人たちの意見に耳を傾けつつ、きょろきょろと周りを見ながら子育てをしてきた。そして、ひろしが八歳になった今に至っても、何か自分の子育てに自信が持てなかった。

「わたしの母が生きていたらもっと違ったのではないかと思います」

実母がいない自分には「何か足りない所がある」と彼女は感じているようだった。姑からは「母親がいないからちゃんと仕込まれてない半人前」と言われることが度々あり、そう言われてしまうと彼女は反論する気持ちにもなれず、「仰せ御もっとも」となってしまっていた。

光代の心の中に母親を失ったことでできた穴が残っていた。彼女自身が母親になり子育てをすることで、もしかしたら彼女はそれと同時に自分の心の中の穴埋作業を進めることができたのかもしれない。しかし、結果は裏目にでた。この穴は埋められることはなく、むしろ広げられていた。二度の流産、そして外からのさまざまな声の侵入。穴ができた容器は水が漏れる。一つの考え、一つの対応、それは心の容器にしっかり収まってこそ他者に注ぐことが可能になる。彼女は母親として一貫した姿勢をもってひろしと向かい合うことが難しくなっていった。

彼女は姑の言葉に萎縮し、のびのびと自信を持ってひろしに対応できずにいた。いろんな人の意見に翻弄させられていた。それほど厳しく叱る必要がないと思っていても、姑に強く注意されると、ひろしに厳しく禁止をしてしまう時もあった。昨日買ってあげると許可したものが、他者の意見を聞き、次の日には一転して購入を取りやめることもあった。光代のひろしへの態度は、まるで伸びたり縮んだりする輪郭のはっきりしない容器のようだった。ひろしの方もそれに強く反発するわけでもなかったが、そのモヤモヤとした不満は彼の身体という容器から夜尿や嘔吐という形になって度々漏れ出ていたようだ。

## 不《あめ》雨《ならずして》花《はな》猶《なお》落《おつ》

輪郭がはっきりしない容器のような光代の接し方が、ひろしの身体という容器、心という容器の境界を不鮮明にさせた。そして症状化した。これはひろしの症状や問題の一側面ではあるが、全てではない。身体という枠組みのゆるさは、彼が生まれつき持っている特徴の一つでもあった。生まれた時にすでに赤ちゃんは個性をもっている。ミルクをよく飲む子もいれば、お乳をよく吐く子もいる。下痢をしやすい子もいれば便秘がちな子もいる。心の質も同じである。その子の持っている生得的な素因があり、全ての特徴が生まれ落ちた後に環境から注がれるものではない。

フロイトはエディプス・コンプレックスという概念を発見した。これは子どもが現実の親とのやり取りの中で体験される葛藤であると考えられていた。フロイトは現実の親の影響力を重くとらえていたといえる。この視点から見れば、子どもの問題の源をたどっていくと、行きつく先にはその子の母親なり父親なりの姿が浮上してくる。しかし、クラインはこのフロイトの考えとは区別した早期エディプス・コンプレックスという概念(4)を考えている。それは、すでに子どもが生まれてきた時からこの世に持ち込んできたものなのである。そしてその空想の種はそれぞれオリジナルな色合い、その子独自の心の模様を持っている。さらに母親との交流を養分として、その種は芽を出し双葉を開かせ育っていく。したがって、クラインはフロイトほど、現実の親との関係性を重視して考えていない。クラインの考え方でとらえてみると、子どもの本来持っている心の模様、心の物語を、より現実場面でそれを際立たせるような母親なり父親なりがいると、その親との交流を通して、よりその子どもの特徴の色合いを強調させる場合があるということになる。精神分析的な発想というと、フロイトからさらに娘のアンナ・フロイトに受け継がれた流れ、「現実の親との関係をたどる」事が思い浮かべられやすいが、必ずしもすべての分析的な考えがそういうわけではない。過去の親との世界をたどっていっても思ったほど収穫を得られないこともある。私の経験でも、とんでもなく極悪非道の親の姿を語る子どもがいて、「現れるのは鬼か悪魔か」と気合を入れて対面すると、意外にもそこには人のよさそうな優しいお母さんが現れることもある。そんな時に、「そんな優しい顔をしてきっとひどい対応をしているに違いない」と疑惑の眼鏡をかけて、「お母さんがまず変わることが必要です」と提案し、母親の成育史や人格を切り刻んでも何も物事が改善しない時もある。

梅雨の季節に良く似合う花に、紫陽花がある。同じ種類の紫陽花を別々のところに植えると土の状態によって花の色が違ってくる。この花の色合いに関与する要因の一つとして土壌の酸性度という要因がある。酸性度が高ければ青みが強く、アルカリ度が高ければ赤みが強くなる。しかし、花の花弁に含まれる補助色素によってはいくら酸性度の高い土に植えても青くならない種類もある。また品種によっては青にも赤にもならない緑色の花になるものもある。子どもの人格や症状もこれと同じような面があるように思う。親のかかわりや愛情のかけ方は子どもに影響をする要因ではあり無視はできないが、子ども自身が本来持ち合わせている特徴に起因する部分もある。

心理療法、特に子どもの問題に取り組んでいると、どうしても子ども自身が少しでも楽になるように手助けしたいと思う治療者は多い。しかしそのあまりに、子どもに肩入れをしすぎてしまう場合がある。こうした時、ついつい親の無理解や対応のまずさに注目しすぎてしまって、親を悪者として非難したい気持ちに駆られる。そしてその思いに拍車がかかると「お母さんが悪い、あなたが変わらなくては、子どもは良くならない」というようなことを言葉にしたり、暗に伝えていることもある。「親が変われば子も変わる」。この言葉を時々耳にする。実際、親の対応が変化することによって子どもの症状が劇的に改善するケースも確かにある。しかし問題はそんなに簡単なのだろうか。親は変わった、でも子どもは変わらない。こうしたこともよくある。

禅語にこんな言葉[5]がある。

「雨ならずして　花猶落つ　風無くして　絮《いと》自ずから飛ぶ」

雨が降らずとも花は散り、風が吹かずとも柳の花は自然に飛んでいく。

私は常々、親面接において、親自身のパーソナリティに踏み込んでいくことは慎重でありたいと考えている。一人の人が変わることとは実に大変で、危険ですらあるのに、人がひとたび「親」になった途端に、いとも簡単にそんな偉業を成し遂げられるはずがない、と感じている。むしろ「そうならざるを得なかった背景」を汲み取りつつ一貫して支持的に対応し、子どもの問題や治療についての解説を中心に面接を進めることで、その親本来の親機能が展開されていくこともあるように思われる。

私の今までの経験でも、親のパーソナリティの問題に踏み込みすぎて親が防衛的になって治療をやめてしまったケースもある。また、面接の中身が「親自身の個人心理療法」に移行してしまったがゆえに親自身が退行して、むしろ「親などやってられない」事態になってしまったケースもある。こうした自分の失敗体験を振り返って、早く花が散り柳の絮《いと》が飛び、次の季節へ移行させようと思うがゆえに人工的な暴風を起こしていたことに私は気がついた。無理な風が樹木そのものの傷つけることがある。心理療法が介在することで破壊されるものがないように慎重でありたいと思うようになった。

一方で親自身が病んでいて、さらには家族全体が崩壊寸前で、その治療の必要性がとても感じられるケースが存在することも確かである。しかしその時は、親が先か子どもが先か、またいったいどこまで踏み込むのか、をよく吟味する必要もあるだろう。子どもの治療が始まったら、母親も心理療法を始め、そのうちその子の兄弟も、しまいには、父親も。それでおしまいかと思ったら、何と爺婆までも！……。そんなケースもあって、それでその家族は皆めでたしめでたしなのか？ 実は、そうでもなかったりする。各成員が各々に問題を抱えながらも微妙なバランスを取っていた家族が、かえってバランスを崩し、時には壊れてしまうこともある。もしも、一人の人が、心臓病も肝臓病も腎臓病も患っていて、おまけに糖尿病にもなっていて、と複数の疾患を抱えている時に、まさか「心臓も肝臓も腎臓も一度に並行して手術しましょう！」と提案する医者はいないだろう。ある意味、家族も一つの有機体なのだ。

河合隼雄[6]も、いくつかの所で親面接について触れているが、やはり、「家全体が病んでいる時、家族の一人一人がクライエントと思われ、その一人一人に3人以上の治療者が個々にかかわった例は失敗していることが多いように思う」ともいわれている。このフレーズを読んだ時私は、確かにそうかもしれないと感じた。

その後、光代は、自分の子育てを振り返る中で、「今の私ならこうしただろう」と自分なりの子育ての姿勢を見つけていった。経過の中では姑とぶつかり、今までにない「嫁姑喧嘩」を体験し、家庭の中に険悪なムードが流れたこともあった。また夫と子どものことについて話し合うことが増えて、自然とお互いの生まれ育った生い立ちが語られることもあった。夫もまた、父を思春期に亡くしたことで父親として今後どうふるまったらよいのか迷いがあることも語られた。少しずつ家族の中が変化していき母親としての光代にもおどおどした余裕のなさが消えていった。そして、ひろしはどうなったのだろうか。「それでひろしの嘔吐と夜尿も消失しました」、となればめでたしめでたしのハッピーエンドであるが、そう話は簡単ではない。また簡単にハッピーエンドがやってくることがよいわけでもないだろう。ひろしの夜尿と嘔吐は頻度としてはかなり減少したものの、依然として残っていた。夜尿が減った代わりに、就寝前に何度もトイレへ行きたがり、頻尿傾向が見られるようになった。光代の母親としての態度や家族のありようが彼の症状をより際立させていたのではあろうが、彼自身の内的な問題は手つかずのままになっている。

母親面接の頻度を毎週から月に一回へと変えた頃、光代からひろしの心理面接について検討したい旨の相談を受ける。あれほど行きたくないと言っていたひろしが、病院に行ってみたいと言いだしたという。最近入ったばかりの地域のスポーツ少年クラブで、来年合宿があるらしく、それに行くために症状を改善したいと思っているらしい。もちろん外的な要請が彼を動かした所はあるだろう。しかしそれだけでなく、光代の変化が彼の治療への動機づけを促したように私には思える。また、もしひろしの心理療法が始まったとしても、光代たち夫婦はきっとそれを支えてくれるだろう。また新たな世界が展開しそうである。光代の面接が始まって約一年を過ぎていた。外の雨はかなり激しい降りになっている。時折雷も鳴っている。そろそろ夏も近い。この大雨とともに今日あたり梅雨明けかもしれない。

# 第五章　半夏生《はんげしょう》——思春期事例とその治療的中断

雲の道しるべ　少年1
谷川俊太郎

光の胞子を撒き散らして
力いっぱい手をふっている
行ってはいけないと言われているほうへ
少年は行かずにいられない

いくつにも分かれている道を
どうやって択んでいるのだろう
ゆるやかに姿を変える雲を道しるべに

軽やかによそ見しながら
（略）

谷川俊太郎詩集「私」(1)より

## 暴れる

「おじいちゃん、たいへんだ。直人に、キツネがついた！」

「なんだと〜。ばあさん。冗談にもそんなこと言うもんでないぞ」

吉蔵は農作業の手を止めて怪訝《けげん》そうな表情で、老妻のキクを見上げた。

「冗談なんかじゃない！　直人が、鎌を振り回して、家の中がめちゃくちゃになっている！　わけのわからんことをぶつぶつ言って暴れておる！」

キクは息を荒くさせてしゃがみこんだ。キクの様子にただならぬものを感じた吉蔵は農作業の道具を畑の隅に置いた。

キクとともに家に戻った吉蔵は居間に入ったとたん口をあんぐり開けて立ちすくんだ。

「これは……」

障子の桟は折れて倒れていた。襖も倒れ誰かが尻もちをついたように凹んでいた。畳の上に物が散乱していた。畳の所々に刃物で削ったような跡が残っている。吉蔵の脚はがくがくと震えた。

「まるで獣でも出て暴れたようだ……」

「直人がやったんだよ」

「まさか」

「わたしも、まさかと思いたいが、見たんだ。何かが爆発したように、狂ったように」

「で、直人はどこに行ったんじゃ？」

直人は、縁側のところで意識を失って倒れていた。振り回した鎌の刃物で傷つけたのか、かすり傷程度ではあるが手から血が出ていた。

「じいちゃん。やはり今年は半夏生《はんげしょう》までに仕事を済まさなかったからだろうか。田植えの時期を遅らせてしまったから。それでキツネにとりつかれたんだろうか。それとも半夏《はんげ》の毒を直人が飲んでしまったんだろうか」

青白い顔をして振り向いたキクに、吉蔵は言った。

「そんなバカなことがあるか」

※

夏至から数えて十一日目の「半夏生」は、節分や八十八夜と並ぶ雑節のひとつである。毎年七月二日ごろにあたり、農家にとっては大きな節目の日である。この日までには農作業を終わらせて五日間は休むとされている。古くから、この五日間は天から毒気が降ると言われ、井戸に蓋をして毒気を防ぐこととともされた。地方によっては、ハンゲという妖怪が徘徊するとも言われている。いずれにしても、一年の仕事の前半の区切り目であり、来る実りの時期への準備期間としては一つの完成をみる、目安となる日である。

人の心も思春期に到達する前に、子どもの心が一つの完成をみる。人生を、思春期を境に前半、後半と分けて考えることもできるかもしれない。フロイトによれば、精神的発達は「男根期」のエディプスコンプレックスの解消によって一つの完成がなされ、その後「潜伏期」と呼ばれる比較的成長の速度が平坦な時期を迎えるとされている。(2) この時期はおおよそ学童期にあたる時期をさしており、穏やかな均衡が保たれる時期でもある。育苗箱に播種された種籾《たねもみ》が無事に発芽し、適度な水質管理のもとすくすくと育つような時期ともいえる。そして、適度の生育に達したら、この苗は苗代《なわしろ》から本田へと移植される。それが田植えである。実りに向けての本格的な成長をする場所へと舞台を替えるわけだ。この田植えも含めて次のステージに移り変わる準備の作業はおおむねこの半夏生の時期までに済ませることになっている。この時期を見誤り、移植時に苗を傷つけるとその後の発育や品質の良い米を収穫することが難しくなる。人の心という苗も同様である。子ども時代からどうスムースに思春期を通り過ぎて本田へ移行していくかは重要なことであるが、難しい。一見問題がなさそうに見えた子どもが思春期に突入すると、何か憑《つ》き物でもついたように変貌したり、困った問題を表面化させることは少なくない。思春期は、心の毒が溢れ出てくる時期ともいえるだろう。思春期の子どもがいる家庭では、その親たちは彼らのことを、まるで妖怪が家の中をうろうろと、「不機嫌」という毒を撒《ま》き散らしながら徘徊しているように感じることもあるのではないだろうか。

## 離れる

夏休みも近い、ある暑い日の午前中だった。人のよさそうな老夫婦と学生服姿の中学生の男の子が待合で待っていた。

面接室に入ると、老夫婦は深々と頭を下げた。「どうぞよろしくお願いいたします」中学生の男の子の方は、すこし緊張した面持ちではあるが、口を少し歪めたような笑顔を見せてから、首を突き出すように軽い会釈をした。

「直人は私たちの娘の一人息子です。それで……」と言いながら、汗をタオルで拭きながら先の説明が続かない祖父の脇から、祖母が説明を加えた。

「キツネがついたんですわ。先生」

私は、もう一度繰り返してその言葉を確認した。

「……キツネ……ですか?」

祖父母は互いに顔を見合わせて、それから祖母が身を少し乗り出して話を続けた。

彼ら老夫婦には一人娘がいた。娘は東京の大学に進学し、そのまま卒業後も故郷には戻らず関東の地で就職した。彼女は、優秀な成績で大学を卒業し、大企業のキャリアウーマンとしてバリバリ活躍していた。その後彼女は同じ会社に勤める先輩社員と恋愛関係になり、直人を妊娠した。しかし、その相手は既婚者であった。

つまり、母親は不倫関係で直人を身籠った。当時直人の父親には子どもはおらず、その時の妻があっさりと同意したのでほどなく離婚は成立した。そして、直人が産まれるとすぐに直人の父母は婚姻届を出した。その後、母親は産休に引き続き育休を取り、直人が二歳になる時に職場に復帰をした。直人の養育は乳児保育園からベビーシッターへのリレーで対応がなされた。直人が発熱すると、母親はすぐに解熱のための座薬を頻繁に使用した。それでもなかなか熱が下らないと、解熱剤は規定の量を超えて使用された。父親が育児に協力することはほとんどなく、母親は綱渡りで直人を抱えて仕事を続けた。

そんな生活をする中、直人が三歳になる頃であったが、父親の浮気が発覚した。さらに母親にとって大きなショックであったのは、すでに相手の女性との間に子どもがいたことだった。子どもは直人と一歳年下の女の子であった。母親が直人を産んだ頃には別の女性との関係があり、父親は二股をかけていたことになる。この頃から両親の喧嘩や言い争いが毎日のように続いた。両親の関係は次第に険悪になっていき、父は家を出て相手の女性と子どもとの生活を始めた。母親の精神状態は不安定になり、幼い直人は彼女の感情の捌け口となった。「おまえが産まれたから、あんな男と結婚する羽目になって、私の人生はめちゃくちゃになった」と泣きわめいた。また、「おまえが産まれたせいで父さんがこの家庭から離れて行った」となじることもあった。それから数年の間、離婚調停がうまくいかずもつれにもつれた。一度だけ、睡眠薬を飲みすぎた彼女が救急車で搬送されたこともあった。そして、直人が六年生、十二歳の誕生日を迎えた頃に、離婚が成立している。ただ、この頃には母と子の二人家族の生活が定着しており、離婚というのも書類上の手続きの話であり、実質的には彼ら二人の生活に大きな変化はなかった。しかし、母親の気持ちの中では大きな区切りになったのか、離婚が成立した後は、以前のように直人に父親への不満や恨みなどをぶつけることはなくなった。そして彼女は、失った穴を埋めるかのように一心不乱に仕事に没頭した。母親は定時に仕事を終えて帰宅することは珍しく、毎夜遅くまで残業をしていた。直人はたいてい一人でコンビニに行き、カップラーメンとクリームパンを買い、それを定番の夕食にしていた。彼は、お決まりのささやかな夕食を済ませるとすぐに学習塾に自転車で直行した。そこでしばらく時間をつぶし、家に戻ると死んだように爆睡した。朝になって目覚まし時計に起こされて直人が目を覚ますと、夜中に返ってきたらしい母親のメモとその上にコンビニのおにぎりが二個置かれていた。これがお決まりの定番の朝食だった。あらかた、母親はすでに出勤しており、直人は、ほとんど母親と顔を合わせることもないままだった。日々の生活は多くの定番によって支えられ、無事に過ぎていた。

父親はというと、母親との関係が険悪になり修復不可能な状態になっても、時折直人を呼び出すことがあった。父親は直人の前に何の予告もなく突然現れた。毎回、高価なものを買い与えたり、レストランや映画館に連れて行ったりした。直人がDSを持っているのかどうかも確認せずに、今流行りのDSソフトを「お土産だ」と満足げに持参した。また、レストランに入れば、直人の好みを聞くでもなく食べきれないほどの料理を注文する父親であった。そして、「次はいつ」という予定を全く告げることなく消えた。そんな父親の行動をうすうす知りつつ、母親はそのことを話題にすることはなかった。直人は一人、父親から渡された高価な品をどう処理しようか？と苦慮することも多かった。

こんな生活が続く中、娘と孫の様子を心配した祖父母が突然上京した。それまでは、「大丈夫」と言って祖父母が訪れることを拒んでいた母親であった。しかし、老夫婦はこの二人の生活の様子を詳細に知ることになった。祖父母は直人の養育が半ば放置されている状態であることに心を痛め、郷里に母子共々帰り、新たな生活を送ることを勧めた。しかし、母親は現在取り組んでいる仕事を辞めて田舎に引っ込むことに強い抵抗感を表明した。何度も話し合いがもたれた。老夫婦は娘や孫の将来を案じていた。そして何度も説得をした。直人自身の意向に耳を傾けられることは全くないまま、結論が出された。母の郷里の地、祖父母の家に身を寄せることになったのは直人だけと決まった。結果的に、母親と直人は別々に生活することになった。また、直人からも何かを求めたり、拒絶したりすることはなかった。彼は、「聞き分けの良い子ども」であった。彼にとっては、何かの選択肢から自らが択《えら》ぶということは存在していないようだった。しかし、直人は母親を嫌っても恨んでもいなかった。そして変わらず、彼にとって母親は大事な人でもあった。

そして、直人は、中学入学を機に、関東から転居し祖父母のもとに身を寄せ、新しい生活を始めることになった。祖父母は当初心配していたが、意外にもすんなりと直人は中学校にも慣れた。数人の親しい友人もできたようだった。勉強もそこそこにできて、部活動にも励んでいた。直人が家に帰れば、祖父母の笑顔と、肉や魚、野菜の煮物やみそ汁などの手作りの温かい食事が待っていた。一年が難なく過ぎ、中二の夏、半夏生の日のことだった。直人は一学期の期末テストを終えた後、午後から激しい頭痛に襲われた。めったに休んだことのない部活を早退して帰宅した直人は、家にたどり着いてからの記憶を失っていた。その日、農作業から家に戻った祖母は人が違ったように暴れている直人の姿を見て驚いた。

「それでじいさんを呼びに行って一緒に戻ってきた時には、直人は倒れておって、何度名前を呼んでも起きないんですわ。なあ～」と祖母は心配そうな表情で直人の顔を覗き込んだ。

「なあ、と言われても、よく覚えていないんで」と直人は困ったように首を傾げて視線を下に向けた。

祖母によれば、その後五日間、直人は頭痛を理由に学校を休んだという。中学入学後初めての欠席であった。

そしてその間はおおむね眠っていることが多かったが、急に起き上がって狂ったように大声でわめき、自室の物を壁に投げつけることが、二、三回あった。祖母の語る騒動について、直人は「わからない」「覚えていない」と答えるだけだった。そして、彼は時折足を落ち着きなく揺らし、困ったような苦笑を浮かべていた。

「先生、この子は本当に素直なよい子です。今までいろいろ苦労したと思いますが、母親や父親に文句ひとつ言わないで、ずっと勉強も部活も頑張っております。なんで、こんないい子にキツネがついてしまったんだろうかと……」

祖母が涙ぐみハンカチを取り出して目じりを押さえた。

「お祓いよりも、ちゃんとした病院で診てもらった方がいいって聞いてきたんです。カウンセリングとかいうのをやってもらうとよくなるとも聞いて。その機械はこの部屋にはないんですか？　今日すぐにでもやってもらえんでしょうか？」

と祖母は涙目で私をじっと見た。

私は、カウンセリングというのは機械を使って行うものではないこと、必ずしもすべての問題がたちどころに解決する方法ではないことを祖母に説明した。それから次回は直人一人から話を聞くことを伝えた。直人は次回の面接の予約を入れて、三人は帰って行った。

祖父母によって語られた直人の行動は「解離」と呼ばれる症状である。「解離」という言葉は、最近「多重人格」や「解離性障害」という用語で専門家の間だけでなく、一般的に話題にされ、映画や小説の題材として描かれることもある。古くはジャネというフランスの精神科医がその説明をしているが、過去の経験があまりにも激しい恐怖を伴うものであると、その経験が自分の意識の中に取り込まれず外に配置されてしまうという。(3) フロイトが、心の防衛機制の一つとして焦点を当てた「抑圧」という現象と混同しやすいかもしれないが、両者には明らかに違いがある。抑圧は自己の中の奥底、心の地下室のような場所、つまり無意識の眠る階下に、不快な経験を押しこめて表に出てこないようにすることをいう。一方、「解離」というのは、自分の心の母屋とは別に、近接したところに離れ家屋を一軒建ててしまうようなもので、そこに厄介なものを追いやってしまうことをいう。そして、本来母屋の住人であった心の主が、時折は離れの住人に成ってしまう。一応別個の家であるわけなので、壁抜けの術か透視術の技でもないかぎり、それぞれの家屋で起きたことは、他方の家では把握しがたい。つまり、覚えていないわけである。たった一人の住人がいくつもの現住所を持っている状態になるわけである。そして別邸がいくつもできてしまうとなかなか複雑な事態になる。そして、最近の研究ではこの解離症状と、ＰＴＳＤや虐待との関連性が多く指摘されている。解離は心の傷から身を守り、傷つきを和らげるための一つの適応のすべであると考えられている。

## 溢れる

今日は一学期の終業式の日で、暑い日だった。正午ごろにクリニックの窓から外を見るとランドセルを背負った小学生が集団下校をしている姿が目に入る。ランドセルに入っている通知票を親に見せてしまえば、あとは待望の夏休みに突入である。遠くの子どもたちの姿に、解放される前の溢れるエネルギーの高まりを感じながら、私は面接室の窓のレースのカーテンを閉じて、エアコンの温度を一度下げた。

午後一時にぎりぎり駆け込むように直人はやってきた。学生服姿で、リュック型の黒の大きな学生カバンを背負い、手荷物も持っていた。学校からクリニックへと直行した様子である。待合で立っていた直人は、出向こうとする私の姿を見つけると、「……ンニチワ！」と言いながら彼の方から歩み寄ってきた。

面接室に向かう途中、間に合うかどうか心配してきたことを語りながら、直人は私の後ろを続いて歩いてきた。彼は、部屋に入ると大荷物群をどさっと下ろして、スポーツタオルを取り出して汗まみれの顔を拭いた。

「ずいぶん、たくさんの荷物だね。溢れそうに詰め込んであるね」と私は彼の荷物を改めてまじまじと見た。

「今日で一学期が終りなんで。置き勉してある、あ、置きっぱなしにして家に持ち帰らずにいる勉強用具のことですけど。その荷物は全部持ち帰ってきたんで。多いといえば多いですかね」と直人は気さくな感じで答えた。

祖父母を前にして、ほとんど「わからない」「覚えていない」としか話さなかった人とは思えないほど、直人の方からするすると言葉が出てきていた。先回の面接の様子から、ほとんど言葉を使って話ができない可能性もあるか？と私は予測して、描画の道具を準備しておいた。しかし、すでに面接開始時にこれらの道具は無用なものだと私は感じていた。

子どものケースの中で、とりわけ思春期の場合、親（もしくは親代理）の前で見せる姿と一人だけになった時に見せる態度が大きく違っている場合は少なくない。彼のように親の前では言葉少なく、一人になるととたんにくだけた調子になって能弁になる子もいる。またその反対で、親がいる前ではのびのび、時には尊大に話をしていた子が、一人になったとたん萎縮して返事をするのがやっとというありさまになる場合もある。いずれの姿も偽りではなく、各々がその子の違った真の一面である。親同席の場合と、本人だけの両方の設定をすることでその子をより理解できることがある。さらにはその態度の差をより吟味することで、その子自身やその親子関係をめぐる情報を入手できるように思う。

直人の場合はどうであろうか。祖父母との同席面接では、自己表現が難しそうに見えた。しかし一人でやってきた時の彼の様子からして、自分の考えをある程度他者に伝えたりコミュニケートする力は乏しいものではないように思われた。彼が、祖父母の前では微妙な情緒表現を控えている（出せないでいる）とも推測された。また、今回発生した問題が彼の意識的な所とかなり離れた所にある問題であることを意味しているようにも思われた。

「先回の面接で話したこと、どうだった？」と私は改めて直人に尋ねた。

「なんか、じじばば馬鹿なんで、困っちゃいますね」と言って彼は苦笑した。

さらに彼は続けて話した。「親馬鹿」以上に孫の直人のことを心配し世話を焼こうとしてくれている祖父母の様子を、「じじばば馬鹿」と称し、彼らへの少しばかりの感謝の気持ちと一方で鬱陶《うっとう》しくイライラもする、ほかってておいてほしい気持ちになることが語られた。そして、自分が暴れていたことやその後数日間学校を休んでいたことについては全く記憶がないので、何とかしなければという問題意識もないと語り、どこか他人事のようでもあった。しかし、彼はここしばらく原因不明の頭痛に悩まされていることを自らの問題として語り、「何とか改善できないかと思っている」とも言った。彼の身体から頭痛という形で何かが溢れているようだった。

私は、彼の主訴である「頭痛」についてさらに聞いていった。彼は頭痛をめぐるさまざまなこと、どんな時に、どんな風に痛くなるのか？などを詳細に語った。彼の話によると、彼が頭痛を意識し始めたのは、今年の五月のＧＷ以降であった。さらに祖父母が慌てている騒動が起きた数日前から頭痛はかなりひどく悪化していた。そして騒動以後、少しずつ頭痛は軽減したものの今もなお残っていた。

私は頭痛が始まったＧＷごろに起きたことで印象に残っていることは何かないかと尋ねた。すると、直人は父親と母親のことについて話し出した。

母親は春休みに祖父母の家に帰省して直人と久しぶりに会う予定になっていたが、仕事の都合で予定が延期され、ＧＷにやってきた。一方、父親は彼が祖父母宅で生活を始めるようになった以後も時々彼の携帯電話に突然電話を入れて、やってきては彼を連れだしていた。関東から距離が遠くなり、以前と思えば頻度は少なくなってはいた。しかし、関西方面への出張の行き帰りに、思いついたように父親は電話を入れて直人を誘った。直人の都合もおかまいなかった。そして、今年のＧＷにも突然父親はやってきた。電話が入った時はすでに父親は玄関にいた。家の前で電話をしていた。その日は母親も祖父母宅へ帰省をしていた。直人の二人の親たちは久しぶりに顔を合わせた。その時、どのような言葉が交わされたのか？　直人の記憶倉庫は穴が開いてしまっていた。溢れて流れてしまったのか、その時のことを彼はすっかり忘れてしまっていた。

「あなたのお父さんとお母さんのことについてもう少し詳しく聞いていいかな？」

私は少しためらいがちにそう言った。

「なんか、みんな両親の話はタブーみたいに避けて通ろうとするんだよな。いいですよ。話すことに全く問題ない。母さんは、あれは仕事に逃げてるんだよな。実は傷つきやすいんだけどね。何だかつっぱっちゃってね。あーやって仕事ばかりやってないともたないんだよな。痛い時に誤魔化して、痛いといえないところがあるけどね。

父さんはだね。自分は子どもを可愛がっているつもりなんだけど、自己満足。だいたいのところは僕の我慢できる範囲のことだけどね。それから、ルール破りを平気でやる所があるね。みんなが並んでいるのに横入りのズルをする。マックで並んでいる順番とかね。飲食禁止のところで隠れ食いしたりね。大したことではない、もちろん警察に捕まるようなことじゃないけどね。基本的に脳細胞の中のルールを守るという場所がイカレちゃってる人だと思う」

両親の話をしながら、直人の頬は少しばかり紅潮していた。私は、直人なりに両親の問題点をよくとらえていると感じた。さらに話題は、父親との離婚が成立するまで母親がずいぶん精神的に不安定であったことや父親の新しい家庭のことなどに及んだ。そして、それは少々評論家風なニュアンスで語られた。直人は観客席から腕組みをして両親たちの繰り広げる悲喜劇を見ていた。彼自身が抱えていた傷つきは一体どこに置かれていたのだろう。私はそう思いめぐらしこう言った。

「いろいろな出来事があってその度にあなたも辛かったり傷ついたりいろいろな気持ちをいっぱい感じていたのだけれど、いつも置き勉をして手元に置かないようにしていたのかな」

すると直人の目元の筋肉が二、三回震えた。

「先生、僕の勉強部屋の本棚はそんなに広くないんだよ」

彼は唐突に自室の本棚の話をした。そのまま私は、彼の横にある大荷物群に目をやりながらさらに続けた。

「でも、今日は全部まとめて持って帰ってきたんだよね。あなたの心の中で、荷物の整理をして自分の本箱の中に納めたい気持ちがあるのではないかな。新しい本棚を作る時期にきているのかもしれない」

それから私は、その整理の場として心理面接が役に立てる可能性があることを伝えた。さらに、数回かけて心理面接を継続的に行うかどうかを、二人で吟味することを提案した。

思春期は、児童期にある程度の完成した自分という容器をひっくり返してバラバラにして、新しいパーツや色合いを加え、新たな大人としての自分を作り上げていく時期である。この成長という変化は穏やかなものではない。第二次性徴による身体的変化とともに、さまざまな欲動が、休火山が爆発するように噴火しふりかかる。それは時として恐怖や侵入感、迫害感を伴う。それは痛みとして体験され、混乱や崩壊の感覚も呼び起こす。こうした体験や感覚は、さまざまな文学作品などを通し表現されている。

「暗闇の中でひとりでじっとしているとね、私の中にある何かが私の中で膨らんでいくのがわかったわ。……その何かが私の身体の中でどこまでも大きくなって、最後には私そのものをばりばりと破っちゃうんじゃないかっていうような感じがしたのよ」

（村上春樹『ねじまき鳥クロニクル』[4]より）

この時期の心という容器は爆破しやすく、その際に片隅に隠し封印しておいた危険物まで溢れ出てあからさまになってしまいやすい。思春期は危険な季節なのである。それゆえに、さまざまな精神的疾患の発症につながることも多い時期でもある。

クラインの後継者であるビオンは、「カタストロフィック・チェンジ（破局的変化）」という概念で人間の危機的な心理状態について述べている[5]。人が内的に大きな変化をする時、同時に危機的な破滅感覚に脅かされるという。しかしそれはいわゆる外傷な体験ではなく、新たな成長の可能性を含んだ激変を指している。今までの自分が膨れ上がってバラバラにされた痛みと混乱を維持することで、新しい自己を生成できることについて述べている。それはどの年代の人にも起こりうることではあるが、特に飛躍的な成長の時期である思春期という発達段階では避けて通ることができないことであろう[6]。

それまでの直人は脇に置いたバックに荷物をひたすら詰め込むように、自らの葛藤を心の中の見えない地下室に放り込むことで、心の内の葛藤や動揺を処理してきたのであろう。しかし、一定のスペースが収容できる荷物には限度がある。今までのパターンをもうこれ以上機能しなくなっていた。また、思春期に突入した直人は自分の心を解体してもう一度自分の心のスペースをリフォームする時期にも差し掛かっていた。破裂寸前のように膨れ上がった風船にほんの少し刺激が加われば、一気に爆発する。父と母の久しぶりの再会は心という風船に刺さった一針だった。直人はこの難局を乗り切るために、応急処置として「解離」症状を作り出したと考えられる。溢れたものはひとまず別棟に収容されたとも考えられる。

## 封じる

それから、二回ほど直人と私の面接が行われた。直人からは、両親のこと、母と二人の小学生時代の生活のことなどが語られた。そして四回目の面接で今後継続して心理面接を続けていくかどうかを決めることになっていた。季節はお盆の休みを過ぎ、夏休みは終わりに差し掛かっていた。

直人は面接室のソファに腰掛けると、夏休みの課題を慌てて片づけていること、休み明け早々に課題テストがあり、それが一つの締めくくりであることを語った。そしてこの四回目の面接も一つの締めくくりとなるセッションであった。

「先生、今朝結構長い夢を見たんだ。それでなんだか寝不足気味」。軽く欠伸をして直人はその夢を語った。

ド田舎で、遠くに山があって、近くに川が流れていて、田んぼや畑がいくつもあるような所に自分の家がある。今住んでいるじっちゃんの家も田舎だけどね。もっと、すごい。人気がない所。一軒だけ家が立っている。高い石垣が積まれていて、その上にちょこんと平屋の家が建っている。そこの母屋と廊下続きで離れがある。自分は最近引っ越してきたばかりらしくて、家の中は荷物が散乱している。僕は片付けをしてる。そしたらその家が生き物みたいになって、壁板が膨れたり元にもどったり動き始める。だんだん家の中の圧力が高くなって息苦しくなってきた。今にも家が破裂しそう。慌てて板を持ってきて壁に取り付けて家が壊れないように補強した。母屋と離れとの通路は通行止めにした。それから、僕は家の周囲をよく知らないことに気がついて家の外に出た。家の前に川が流れていた。その川には深海魚が泳いでいた。川の向こうはおかしな世界。どうやら誰も人間が入ったことがない領域らしい。遠くには見たことがない動物いる。恐ろし刃物を持ったヤツや、ふかふかのムートンのようなヤツ。動物たちはみんな眠っている。不思議な花も咲いている。でも道はまだ作られていない。工事などが全くされていない世界。そちらに行ってみたい気がした。でも、そこに入るにはまだ早い。それに、川には橋はかかっていないから、簡単にそちらへ行けそうもない。そうやってしばらく向こう側の景色を眺めていた。

彼の夢を聞きながら、私は今日の面接は、継続面接への新たなスタートではなく、一つの終わり、閉めとなるセッションなのだろうと感じていた。夢を話し終わると、直人は一息ついてソファにもたれた。

「先生、やっぱ面接を続けるのはよそうと思うんだ」

私は笑みを浮かべ言った。

「今の夢を聞いて、あなたは今日で終わりにしようと思っているのではないかと、私も感じていたよ。それで、どんなことを考えたのかな」

彼は神妙な表情になってこう言った。

「僕は、あまり病院好きじゃない。たぶん、自分に弱い所があるって思うのが嫌なんだな。それに、自分を他人に預けたくない。まあこれは母さんも実はそう。でも内心は、弱い所たくさんあるってわかってるんだ。僕の部屋の荷物はまだ整理していなくて山積みにしてある。本棚も荷物にも今は手をつけたくない。何だか大変なことになっちゃう気がするから。今のところ、必要なものだけ取り出して使っている。それで何とかなってる。でも整理し始めたらそれすら何ともならないすごいことになりそうだからね。それにさあ、このところ頭痛が無くなっている。この病院に来始めてからかな。頭の奥に封じ込めた感じ。すっかり自分の頭からなくなったわけじゃないとは思うけどね」

私は、彼の積み残している問題について触れた。母や父との関係で体験してきた心の痛みがまだ未消化のまま彼の心の片隅に押し込まれている。そして封印された中には、彼の依存したい気持ちや、それだけでなく怒りによって破壊したい気持ちも眠っている。それがいずれ目を覚まして彼の手に負えなくなってしまう前に、時期を見てその領域に足を踏み入れる必要があることを伝えた。さらに、彼が今はそんな大仕事に取り組むのは荷が重く、とりあえずの撤退をしようとしていることと、いずれ時期を見て準備が整っていたら心理療法に取り組んでみることを勧めた。直人はゆっくりと頷いた。

ビオンによれば、急激なポジションの変化をもたらすような体験は、それが急激で大きな変化であればある程、一つの「暴力」として受けとめられることもあるという。それゆえ、内的な大きな変革をもたらすような治療的な対応には慎重さが必要で、早すぎないタイミングを考えるべきだ。特に思春期の子どもたちは、そもそも、体も心も大きな変化の直中にいるわけであるから、そこに拍車をかけて何か変化が起きれば下手をすると木っ端微塵《こぱみじん》になる。そしてこの時期の子どもたちの方も、直感的にリスクに気が付いているのか、往々にして心理的な心の痛みに触れることを避けたがり、心の奥に封じ込めたがる。そこに思春期のケースへの治療の難しさがあるように思われる。今回の直人のように、すぐには手に負えないと判断した場合、一時棚上げをしておく場合もあり、それが必ずしも間違っているとはいえない。棚上げにできるのも一つの力である。しかし、たとえ中断となり、継続的な面接に至らない場合でも、数回の面接を通して、クライエントが治療者とともに「考える体験」を持ち、自分の心の問題の一端に触れること、そして心理療法がほどほどに当てにできる方法であることの認識を経験することが重要であろう。そしてそれはいつの日か新たな展開へとつながることがある。

最初の出会いがそのまま継続的な心理療法へと導入され、展開し終結を迎える、これが一番シンプルなわかりやすいプロセスである。だが実際の多くがこうしたパターンで進むわけではない。最初の一歩がそのまま継続面接には至らず、「中断」となることもある。しかし、私は、「中断」を必ずしも失敗だとは考えていない。もちろん失敗の場合もあるだろうが、必要なそして意味のある「中断」もある。ひとつの「中断」は第一ラウンドの終了にすぎず、しばらく空白を置いて、第二ラウンドが再開され、さらに深く内的な問題に取り組んでいくこともある。

また心のエネルギーというお金のやりくりは結構難しい。最初にウインドショッピングをした時が適切な買い時でない場合もあるし、お金を持ち合わせていない場合もある。衝動買いは禁物である。わずかな所持金でとりあえずの現実適応に投資をすることが優先される場合もあるだろう。特に思春期は大人になる準備のために買いそろえなければならないアイテムがいろいろある。勉強、部活、さらには受験などだ。特に受験では、子ども自身も多くのこころのエネルギーを出費することになってくる。ひとまず心理療法は棚上げにしておきたいところで、無くて済めばそれに越したことはない場合もある。

たとえ最初は中断になってもその時の出会いが、一つの布石として生かされればそれはそれでよいのだ。重要なのは、どのように中断するかということのように思われる。なぜ今中断を選択するのかをよく話し合い、その意味をできるだけ共有するようにと私は心がけている。「やめる」としたことでクライエントが後味の悪さを味わったり、時には見捨てられ感や妙な罪悪感を体験することがないようにしたいと思っている。後々に生きる「中断」を目指している。そうすると思いがけない時期になって、クライエントが心理療法を求めて改めてやってくる場合もある。また、それは別の場所、別の治療者を求めるという形で展開する場合もあるだろう。クライエントの問題が展開してよい成果を収めた場合、実は、その人が以前に体験している治療的な経験が力となっている場合もある。

さて、直人のその後である。直人との面接終了後、半年後私は祖父母と面接をした。その後、彼は一連の騒動が嘘であったかのようにまた以前のように順調に中学生活を送っているようだった。その後騒動は起きていないとのことであった。しかし、そのこと以上に私の心に残ったのは、祖父母から聞いた二つのエピソードであった。一つは、彼の父親がその後連絡をしてきても、彼は彼の意向を無視した侵入的な訪問を一切断るようになったという。もう一つは、昔よく夕食として食べていたクリームパンを定期的に送るように母親に頼み、母親もその要求に応じているとのことであった。祖父母たちは、あんなパンはこの辺りでも売っているのにどうしてわざわざそんなことをさせるのだろうかと不思議がっていた。これらの話を聞いて、私は少しばかり安堵を感じた。きっと彼は自力で心という彼の住まいが嵐に吹き飛ばされないように補強をしているのだろうと感じられた。

それから、七年が経過した。

「先生。ぼくのことを覚えていますか？　いよいよ、やらなきゃいけない時にきている。そう思ってやってきました」

再びやってきた直人は、最初に会ったあの時と同じように首を突き出すように軽く会釈をした。彼は、すでに二〇歳になっていた。大学の工学部に進学して、建築を専攻しているとのことだった。今回、彼は自分から進んで、心理療法を求めてやってきたのだった。

# 第六章 大《たい》暑《しょ》——破滅の不安の中に生きる精神病の男性

ひなたみず

水無田気流

私は
ゆらゆらゆれる空気の波につかまらぬように
ぐらぐらまわる頭を必死に起こし
聴くのです
どこまでも
どこまで、も
ざりざりとおひさまが
私の中を通過いたします

重うく　ぬかるんだこの地面の上にては
ああ　このように
世界は終わっていくのカモシレナイと
ぼんやり
夢想するのでありました
どこまでも　どこまでも
夏と水の戯れあう音が
つぷんつぷん　と
うすい障壁をめぐらす　最中
夏につかまれ　からみとられて私は
おだやかに　ひそやかに
狂っていくのでありました
（略）

水無田気流　詩集『音速平和』(1)より

## こんなことは初めてだ

「ナイフを　モッテイル。殺される　カモシレナイ」

今日は暑い。特別暑い。太陽がずいぶん力を発揮している。そのせいか、クリニックに来る途中、いつになくナイフを持っている奴がたくさんいたように思う。危ないところだった。蝉の鳴く音も激しく聞こえる。

こんな風にして蝉が繰り返し伝えてくる。耳の奥がジーンとする。頭の奥に鈍い痛みを感じる。

「カモシレナイ、カモシレナイ、カモシレナイ、カモシレナイ」

あれだけ蝉が鳴いているということは、殺される可能性が相当高い日なのだろう。

自転車から降りて、蝉の鳴き声がよく聞こえる樹をじっと見つめた。大丈夫か。よし。

駐輪場へ行くと、驚いた。たくさんの自転車が置かれている。溢れるほどだ。僕の自転車を置く場所などない。阻まれている。どういうことだ。今まで、もう一年以上もここに通っているが、こんなことは初めてだ。罠だろうか。周りを見渡してみる。誰もいない。とりあえず、すぐ目の前に見える庭のような所に自転車を置こう。急いで玄関からクリニックの中に入る。おかしいぞ。少ないじゃないか。あんなにたくさんの自転車がありながら、この待合の人の数は何だ。ということは、やはり罠か。どこかに潜んでいるのか。奴らは、どこだ。玄関にたたずんでしばらく周りを見渡していた。すると、あとから玄関から入ってきたらしい年をとった男が僕を後ろから押した。

「あんたね、じゃまだよ、そんな所で突っ立っていたんじゃ、困るよ。入るのか入らないのか」

男は、むっとした表情で僕の脇を通って受付へ行った。男の後ろ姿を見ると、片方の手をポケットに入れている。あいつもだ。ナイフを持っている。危ないところだった。僕はゆっくりと受付に行き、そこに備え付けてある心理カウンセリングというラベルの付いている小さな箱に、診察券を入れた。今日はどこにも座らないで待っていた方がよさそうだ。相当危険な日らしいから。汗で麦わら帽子の中が蒸れている。僕は、麦わら帽子の上からしっかり頭を押さえた。大丈夫か。よし。

しばらくすると、三宅先生が現れた。僕は、無言で軽くおじぎをした。そのまま先生の後に続いた。廊下を歩き階段を上った。先生がドアを開けた。そのまま後に続いて部屋に入った。部屋の中が暑い。ふと見ると目の前の窓のガラス戸が開いていて、レースのカーテンが風で軽く揺れている。どうしたことだ。今まで、もう一年以上もここに通っているが、こんなことは初めてだ。そっと先生の様子を伺う。見たところ、いつもと変わりないようにみえる。が、待てよ。これも罠か。先生もナイフを持っているのかもしれない。もしかしたら、……。

「鈴木さん。今日はごめんなさいね。エアコンが故障してしまったのです。暑くてご迷惑かけますが、窓を開けて風を入れています。それでしのいでください」

僕は目を伏せた。こういう時は用心した方がよい。人の顔を見ていると、ナイフが出てくるかもしれない。ここに通い始めて、一年以上になる。もしかしたら、ここは大丈夫なのかもしれない。安心してよい所なのかもしれない。そう、思い始めていたのに。やはり、甘かった。この世界に、安全などあるはずがない。ここにも奴らの手が回っている。先生もグルかもしれない。いや、グルだろう。グルなんだ。しかし、僕がそのことに気がついたと悟られてはいけない。

「今週は特にありません。変わったこともなかったです。……」

しばらくだまっていると額の汗が流れ、目に入り滲みる。痛い。

「今日は来る途中にたくさんの人に会いました」

少し顔をあげてみる。先生の顔が歪んで見える。そして、どんな人にあったのかと先生はいつになく興味深げに尋ねてきた。これはいけない。奴らが来るかもしれない。僕は振り向いた。窓だ。窓から来るのかもしれない。もう一度前を向いて先生の顔を見た。

「窓を閉めてください。気になります」

すると、先生は暑くなるが構わないか？と問い、さらにはエアコンの故障について詫びながら席を立って窓の方に歩いて行った。心臓がどくどくと大きな音を立てていた。腹の奥にマグマのような熱いものが渦を巻いている。それが頭に向かって噴き出しそうな予感がした。そして、窓を閉めてからこちらに戻ってきた先生を睨みつけた。

「今日は駐輪場も満員でした。こんなことは初めてです。どういうことでしょう」

※

こんな風に声を荒げて彼が話をするのは、私の記憶する限り初めてだった。いつもぼそぼそと小さな声で下を向いて話す鈴木守男が、頬を紅潮させて私を睨んでいた。

一年と数カ月ほど前になる。彼は、十五歳以上年の離れた兄に連れられて、クリニックに初めてやって来た。

彼は、小さい頃から目立たないおとなしい子どもだった。高校一年の時に、「周りからひどいいじめを受けて殺されそうだ」という被害感を訴え、学校に行かなくなった。「行かないなら、金の無駄だ」と両親は早々に退学の手続きをとり、守男は、そのままほとんど外出もしない、引きこもり生活を始めた。自室の窓の隙間はガムテープで目張りがされ、分厚いカーテンで遮光がされた。兄はすでに自活をして、遠方の会社に就職をしていた。したがって、両親と守男の三人で生活をしていた。守男はほとんど両親と会話をすることはなく、朝夕とおにぎりを三つずつ、母親が彼の自室に運ぶだけだった。両親は、彼が精神的な病気を患っているなど、わずかな疑念すら持っていなかった。彼らは、時折思い出したように求人情報誌を持って彼の部屋へ行き、就職をして家にお金を入れるように強く言うことはあったが、精神科の受診を勧めることはなかった。そしていつのまにか、閉じこもったまま一〇年の月日が経ち、彼は二十五歳になっていた。両親が四十代の時に彼は生まれていた。父親は七〇歳近くになり、持病の糖尿病に加えて、認知症の診断を受け施設に入所した。加齢による関節痛のため杖を手放せない母親一人では思うようにならぬことも多く、父の入所を機に、疎遠であった兄が近郊の都市に転勤を申し出て戻ってきた。そして、兄の判断で彼は精神科のクリニックを受診することになった。主治医からは統合失調症の診断がなされ、すぐに抗精神病薬の処方がされた。そして、兄の希望で心理面接も併用することになった。

長い間ほとんど外出をしたことがなかった守男であったが、彼自身も心理面接を拒否することはなかった。意外にも彼は兄に自転車の購入を求め、その自転車に乗って一人で通院を始めた。彼はひょろりと背が高く華奢な体形で、ほとんど外に出ていないせいか顔は青白かった。彼が通院を始めた頃は、夏の盛りの暑い日だった。彼はいつも十五センチ以上あるつばの大きな麦わら帽子をかぶり、長袖の地味な服を着ていた。日に焼けていない青白い顔に、大ぶりの農作業用の麦わら帽子はとても違和感のある組み合わせだった。彼は、真夏のみならず、秋も春も、そして冬も、必ずその麦わら帽子をかぶって通院をした。そして、守男は、面接室でもその帽子をとろうとはしなかった。彼の住んでいる世界は、一年中暑い盛りのようだった。彼は私と目を合わせようとはせず、いつも下を向いていた。彼は沈黙がちで、時折ぼそぼそと話をした。話題といえば、家の裏口に置かれている甕《かめ》に溜まった水が腐っていること、その腐った水に涌いたボウフラのこと、家の庭に生い茂っている雑草の様子などだった。そんな話が主な内容であり、彼の話にはほとんど人間が登場しなかった。

単調にくり返される彼の話に私は耳を傾けた。甕に溜まった腐った水は、彼自身の腐りつつある「こころ」なのであろう。彼のこころにはバラバラになくなり消えてしまう破滅・解体不安があるようだった。それは、いわゆる精神病の中核にあるとされる不安である。(2) ただ、彼の話にあるものは絶望的だけではなかった。その汚水の中から、ボウフラという形であれ、生命が生まれていた。それゆえに、私は彼の心理療法に希望を感じていた。それは、木ッ端微塵に解体した船から放り出され、いまや水没寸前の状況にありながら、遠く彼方に微かに見える、その大海原に漂う一つのちいさな浮き輪のようだった。そして、ここを足がかりに治療的な作業に取り組めるのではないかとも私は考えていた。

## 酷い目にあわされている

念力のゆるめば死ぬる大暑かな　村上鬼城(3)

一年中季節を問わず守男が被る麦わら帽子を見ていると、こんな句が私の頭にふと浮ぶことがあった。当初一年ほどの間、彼との面接は、表面的には静かに単調に続いていた。彼が過激な言葉を発したことはなかった。しかしその一方で、彼のうつ向いた姿勢からはいつもある種の緊張感が伝わってきていた。何かに抵抗しバリアを張ることに、全ての力を注いでいる。一つ間違えば断崖絶壁から転げ落ちて死んでしまうような、切羽詰まった、そんな空気が感じられた。

「甕の中で腐ってしまった水のようにあなたは自分のこころも腐ったひどいものになったように感じられているのでしょうね」

私は、こんな風に伝えながらも、さらに付け加えた。

「しかし、そんな腐った中からもボウフラが生まれ育つように、あなたのこころの残された生きるための砦を守りたいとも思っている、そのあなたが此処に今日も来院されたあなたなのでしょう」

彼は灼熱地獄に生きている。しかし、そんな精神病的な破滅の世界の中にいながらも、彼のこころは死んではいない。そうした理解を私は守男に伝え続けた。

ビオンは、パーソナリティに精神病部分と非精神病部分が並存して、在ると考えている。(4) どんな正気の人の中にも精神病的な心性がどこかに潜んでいる。また、狂気で混乱しきった精神病の人の心の中にも、わずかながらの正気の部分がある。破壊的な精神病的な自己からどうにかして非精神病的な健康な自己を救い出し、守っていくかが精神病圏の人への心理療法の基本といえるだろう。この非精神病部分と手を結ぶことで、破壊された世界を再建していく事が可能となる。しかし、これはかなり危険を伴う難しい作業でもある。

精神病部分・非精神病部分、それぞれの部分が少し距離をとったところに位置して棲み分けをして、平穏な時がしばし流れることがあったとしても、ほんの些細な刺激がその精神病的な部分を刺激することで、突然スイッチオンとなり、精神病的な部分がまたたくまに顕在化し、全体の大部分を覆ってしまうことがある。

守男の場合も、秘められていた熱いマグマがある時を境に突如として顔を出した。エアコンの効かない暑い部屋、あふれる駐輪場の自転車。そんなものが直接的な刺激になったのかもしれない。しかし、それはほんのきっかけに過ぎなかったのかもしれない。心に栄養を与えてくれるよい対象がいて、その栄養を取り入れてすくすくと育とうとしている健康な自己もいる。この両者が手を取り合うことを「精神病的な自己」という悪魔は見過ごさない。そんな結びつきを見つければ容赦はしない。精神病部分のもつ「破壊的羨望」と呼ばれるものが、その連結を徹底的に打ちのめし破壊する。つまりは、その得意技である「連結への攻撃」(5)が発動する。健全な生産的な関係の破綻は起こるべくして起こるのである。

穏やかに見えた単調な一年の間で、すこしずつ守男は面接室や私への安心感や当てになる感覚を築きつつあったのだろう。彼の中の非精神病部分と私との同盟関係が成立しつつあった。それは、「信頼」などという言葉を使うこともはばかられるようなほんの小さなものであった。しかし、こうした精神病の世界に住む人が、わずかであれ、「信頼」への予兆を築くことはとても貴重なことである。そこで築かれる信頼感を基盤にして、人は確かな思考、判断をする力を作っていく。しかし、築かれつつあるもの、それは脆いものだ。

ひとたび精神病部分が活性化すると、こころの中は破滅の不安という毒素が噴き出し充満する。健康な自己はその毒素に汚染されないようにと、毒素を自分の外へと押し出すことに懸命になる。そしてあまりにも慌てており、他にいい方法も見当たらないので、自己を細切れにしてしまい、これも汚い、あれも毒だと言っては外に放り投げて身を守ろうとする。できるだけ周囲の人たちに毒素をなすりつけてなんとか汚染から生き延びようとする。ふと気がつくと健康な自己までもばらばらに細切れにしてしまっている。

そこでまた慌てて細切れになったものを手当たり次第寄せ集めて、つなぎ合せようとするので、いろいろなパーツが秩序なくくっ付き合って「凝塊化」する。

細切れになった自分の一部、つまり胴体には毒にまみれた頭が取り付けられてしまう。そして、悪魔の顔をした奴らがあちらこちらに溢れることになる。そして能動的に奴らは悪さを仕掛けてくる。奴らはみな繋がって、グルになっているように感じられる。秩序なくくっつき合った強大な悪魔軍団が出来上がるのだ。こうした奴らをビオンは「奇怪な対象群」[6]と呼んでいる。

人がナイフを持って自分を殺そうとしている。すれ違う人もまた面接室で向かい合う治療者もまた、そんな妄想的な思考によって汚染され、彼を殺そうとしている集団の一味とされた。エアコンが故障した、このある夏の暑い日、私もその奇怪な対象群の一部とみなされてしまったわけだ。これは「妄想性転移」といわれる精神病性の転移である。私はこの転移にたちどころに捉えられた。

松木[6]は精神病性の転移の特徴の一つとして「突然の形成と濃密化」を述べている。ふと気がつくと高濃度で沸騰しているマグマに私は身動きが取れなくなっていた。それは、まるで予告なく突然やってきた天災のようだった。

それ以後、守男はいつも怒っていた。そして、その目はいつも睨んでいた。

「いったいどれだけ酷い目に合わせれば気がすむんですか?!」

先回の面接後帰り道、自転車がパンクした。さらに今日面接にやってくる時に自転車かごが壊れてしまった。最近ものがよく壊れる。壊れた物についての守男の訴えが繰り返された。何者かによって酷い目にあわされている。その一味に私も組みしているのではないかという疑念が語られた。

「昨日は知らない男が自宅の前で車を止めていた。きっと何か探りに来ているのでしょう」

私のドアの閉め方や腰かけ方、些細な言動に彼は引っかかった。それが、いつもよりも乱暴だと言って、彼への攻撃の合図ではないか？と疑い、声を荒げることもあった。

こうして、私に対しての陰性感情、被害感が充満した部屋で面接が重ねられていった。面接室は常に炎天下のようだった。

## ナイフを持っているかもしれない

いつからか、守男は細長いものを包んだ風呂敷包みを大事そうに抱えて面接にやってくるようになっていた。私は、その中身が何なのか気になっていた。彼はその包みを手放すことはなかった。机の上やソファに仮置きすることもなく、常に抱えていた。

熱が充満したような面接が続いていた。私は彼との面接に向かうことが重苦しく感じられるようになっていた。また何かの拍子で言いがかりのような敵意を向けられたり、妄想的な思考に絡め取られる事態が生じることに私は怯えるようになっていた。

「ナイフを持っているかもしれない」

ある日の面接で、彼の話を聞きながらそんな思いが私の中にふっと沸き起こってきた。

心臓がドキドキとなり、顔が火照った。いつのまにか頭の中がまとまらなくなっていることに気がつき、焦った。

「ナイフを持っているかもしれない。刺されるかもしれない」

さらには、守男との面接時に決まってそんな考えが頭を占めるようになっていた。面接室に入りソファに腰掛けると、私は自然と出入り口の方に目をやるようになっていた。出入り口に近い席を守男が望んだので、彼との面接では私は奥の席に座っていた。私がこの部屋から逃げ出すためには、彼の近くを通らなければならない。そんな考えに捕えられ身動きができない圧迫感を感じた。私は、早くこの面接から逃げ出したいという思いと闘った。なんとかそんな思いを振り払い、彼の話に集中しなければと自らを叱咤した。

「ナイフを持っているかもしれない。殺されるかもしれない」

守男との面接への私の恐怖はピークに来ていた。思いあまって、ある日、私は事務受付の職員にお願いことをした。もし、守男との面接の終了予定時間が過ぎても私が面接室から出てこなかったら、面接室へ内線電話を入れてほしい。さらに、私がもしその電話に出なかったら面接室に入ってきてほしい。この依頼に職員は事情が分からずきょとんとした面持ちで、一応の了解をしてくれた。私は戦場へ旅立つ兵士のような気分で面接室へ向かった。

この密封されたヒートアップした面接空間で、私のこころは守男の不安に絡め取られ乗っ取られていたといえるだろう。ビオンによる、コンテイナー／コンテインドのモデルで考えれば、守男の精神病的な転移感情や妄想的な被害感というコンテインドが私のこころというコンテイナーに投げ込まれ続けていた。そのうち、コンテイナーである私のこころはいつのまにかコンテインドそのものへと同化をしていた。つまり、治療者が逆に同一化をしてしまう、「逆・同一化」という現象が起きていたのだろう。精神病性の転移は非常に激しく生々しいものなので、治療者側が意識する間もなく二者関係の境界を壊して侵入してくることがある。そのために、精神病の人と対峙している時に治療者側はさまざまな特異的な感情体験をすることは多い。それは、精神病性の逆転移と呼ばれるものである。

守男のこころの中味を抱えるはずの、私のこころという容器との間にはいつしか隙間が消失し、守男の抱える毒素は器に浸潤し、器そのものも中身になりつつあった。関係性は混同され、境界は消失していた。いつのまにか、私のこころと守男のこころは合同図形のようになっていた。

精神病部分に呑み込まれたことで、私自身の思考も失われた。まともにものが考えられない状態になっていた。ビオンはこころの成長のために望ましい心的姿勢として、K（knowing）という性質を考えている。これは真実を知っていこうとする態度を意味する。そしてビオンは病理的な姿勢の一つとして、Kを負の形として記号化をしたものである、マイナスKも提示している。(7) これは、真実を見えなくするために知識を使うことをいう。精神病の妄想の世界も、このマイナスKが進展し、現実認識が歪曲されて偽りの事実が形成されたものである。そして私自身が面接場面で体験した、「考えられない」という事態はこのマイナスKの活動に私自身の思考も絡みとられていたといえるだろう。

どこかに追放されたのか、隠れているのか。私自身がまず健康な非精神病的な自己の行方を捜し、引き戻す必要があった。そして、私は、自分のこころという容器と守男のこころの中味との間に隙間を入れる事を試みたかったのだろう。面接室へ電話をいれてほしい。それは治療者の逆転移性の行動化ともいえる。行動化は避けるべきことである。しかしここで私は、第三者の視点をそこに介入させることで、何とか追い詰められた事態を変えたかったのだろう。振り返れば私はこの事態をそう考えることができる。

「今日は、来る途中大変な車を見ました。黒く丸こげになっていて、警察の人が何人かきていました。調べているようでした。きっと、奴らが放火をしたのでしょう」

守男は自分の身にも危険が忍び寄ってきている事を語った。私は、その車は守男であり私自身でもあるように感じながら話を聞いていた。そして話を聞きながら、先ほど電話を入れてくれるように私が頼んだ事務職員の顔が、私の脳裏に浮かんだ。

「大変なことが自分の身の上に起こるのではないかという恐ろしい気持ちをいっぱい抱えながらも、今日こうして面接にあなたは頑張ってこられたのですね」

それは、同時に守男との面接に臨む私自身の気持ちでもあった。そして私は続けた。

「しかし、今日は珍しくあなた以外の人たちがそこに居た。警察の人たちが来てくれていた。その力を借りて、とんでもない怖い事が収束していくとよい。あなたはそんな思いも持っておられたのだろうと思います」

私は、自らのこころの有様をたどり、同時に合同図形である守男のこころも理解しようとした。放火された炎が鎮火したように、守男は声のトーンを落とした。彼はいつも自分が一人でいる時に恐ろしい事件が起こる気がすると語った。さらに、高校一年の夏、下校中激しい頭痛がして、道の途中でうずくまっていたが、誰も助けてくれる人がおらずに苦しい思いをした時のことが回想された。高校時代の話が初めて登場した。珍しく彼の口調はしんみりとしていた。守男の中にある非精神病部分が顔を出し、少し光が見えたように思われた。

「それからです。僕の頭に太陽をねじ込まれたのです。だから帽子をかぶっています。麦わら帽子がよいという声が教えてくれましたから」

再び守男の精神病部分が盛り返していた。光は長く続かず消えた。病んだ悪魔を簡単にねじ伏せることはできない。とはいえ、その日の面接で、私は今まで違う守男と出会ったような気がしていた。束の間のこととはいえ、確かに光は差し込んだ。そして、第三者に介入をしてもらうこともなく、面接はいつもの終了時刻に終わった。

逆転移を理解しながらその対になる転移に思いを巡らし、その猛威に圧倒されずに精神病性転移をこころに留め置くことで事態に新たな局面が生じることがある。

## 何が起こるかわからない

「太陽は熱いです。重いです。時々大きな音を出しますから、うるさいです」

守男が、頭の中にねじ込まれた太陽について語ることが増えるにつれて、彼の周りで何かが壊れることは減少していった。高校時代に太陽をねじ込まれてから、彼はそれを人に悟られないようにしてきたという。

「太陽のことが明るみになると、危ないです。人から羨ましがられてしまいます。欲しがっている人はたくさんいます。それで、命を奪われそうになってきました」

守男の困っている気持ちが伝わってきた。それは、さほど熱くはない温度のように私には感じられた。

「命を狙われる恐怖とずっと闘ってきて、さぞかし大変だったでしょう。しかし、私には太陽を羨むことがよくわかりません。なぜ欲しがる人がいるのでしょうね?」

精神病的な認識を否定せず、肯定しすぎずに受けとめることは難しい。共感がすぎれば妄想的思考が拡大し、否定すれば、「わかってもらえない」という思いをもたらしてしまう。私はその微妙なバランスに注意しながら彼の話に耳を傾けていった。守男の話によれば、太陽はエネルギー源であり、人の意欲や活動を支えるもののようだった。それは、思春期から青年期にかけて自己確立の過程で、こころの中に作り上げる自分らしい「創造性」の種を意味するようだった。しかしその種を育てることをもてあました守男のこころの中で、種は誇大的な色彩を帯びた太陽に変身した。そして外界からの強制によってねじ込まれたと他者性を帯びて体験されていた。「太陽が内に有る」というのは同時に「自分が無い」ことの裏返しであったのだろう。「自分がなくて生きていけない」という感覚を直視しきれなくなった守男の病んだこころは、現実を歪曲して、「太陽がねじ込まれて命を狙われている」という誤った認識を持ってしまったようだ。

彼の中の太陽の話を続けていく中で、彼が外の世界の奴らに狙われ殺されそうになることは稀なことになっていった。しかし、何者かによって彼の頭の中にねじ込まれた太陽は、ときどき大きな音を立てた。太陽は彼の頭の中を切り裂くように暴れた。彼は「頭痛」を訴えていた。

「昨日の夜も、太陽が暴れました。ギシギシと音がしました。それから太陽は激しくジャンプをするので頭の中は暑くて燃えているようでした。ガンガンととんでもない痛みが続きました」

気がつくと、もう彼は風呂敷包みを持参しなくなっていた。それがナイフだったのか、もっと別の品物だったのか、それは今や私にはわからない。ともあれ、私がその謎の包みに怯えることもなくなっていた。

しだいに痛みは、頭だけでなく、体のいろいろな部分に広がって行った。腹が痛い。胸が痛い。足が痛い。手が痛い。彼は他科を受診することをひどく拒んでいたので、内科や外科を受診はしていない。もちろん痛みの原因を調べる検査もしていない。痛みはしばらくすると消え、再び別の場所の新たな痛みへと移っていった。

新たな所が痛くなれば前の痛みはすでに忘れられている。そうした彼の様子から、緊急に処置が必要な内科・外科的疾患があるようには思われなかった。ある種の体感妄想と理解された。

外の世界の人々からの攻撃は守男自身の身体の中の痛み、つまり内側で起きていることになった。痛みは本来あるべきものではなく異物であった。したがって、それは内のものであり外のものでもあった。守男はこの痛みについて考えあれこれ吟味をした。彼の中で、精神病部分と非精神病部分が併存しながら顔を出していた。守男と私の二つの眼で、守男の痛みを話題にすることで、守男の非精神病的部分・治療者・守男の精神病的部分を頂点とする三角形の空間が面接室内に形成された。こうして、痛みの訴えを巡っての面接が一年以上続いた。

「この頃、ふと太陽が無くなってしまったような気がすることがあって……。心細いです。あれほど嫌でたまらなかったのに不安になります。どうしよう、このままじゃ明日を迎えることができないという気持ちになります」

妄想的思考が薄らいでいく時に、今までさんざん妄想に苦しめられていたにもかかわらず、病者がその妄想を失うことを恐れ、心細さを訴えることがある。時に妄想は必要悪でもある。精神病部分が後ろに引っ込み、非精神病部分が活動範囲を広げる。すると、現実検討能力が増し、正確な知覚や認識がでて、患者自身が「病識」を持つようになってくる。しかし、そもそも壊れたこころは、見ること知ることが耐えられないがゆえに破綻をしたのだ。それをもう一度直視することは非常に辛いことでもある。妄想の中に生きていた方がずっと楽だったのに。そんな気持ちになるのかもしれない。

守男は太陽の存在感が薄らいでいくのと引き換えに、生きていくことの心細さや自分の未来を考えることの怖さを感じるようになってきていた。麦わら帽子をとろうかどうかと迷っていることも語られた。妄想に頼らずに逃げ込まずに生きていけるのか、どうか。現実に立ち向かうことができるのか、できないのか。そんな迷いが、麦わら帽子には託されているようだった。

太陽を巡る妄想が薄らいできたことで油断をしてはならない。それは、彼の中の精神病部分が消えてきたことを意味するわけではない。精神病部分が背後に隠れ、非精神病部分が前に出てきているだけで、いつなんどき、精神病部分が再び表舞台に登場するかもしれない。それが証拠に、守男はまだ身体の痛みをあれこれと訴えていた。何ら身体的な疾患は認められないのに、転々と場所を変えながら新たな痛みが発生していた。精神病部分は彼の身体に押し込められて、存在していた。舞台裏に潜みながら、新たな出番を待っているのかもしれない。

松木[2][6]によれば、あっさり引いたかのように見えた精神病性の転移は病者の内に残存しているという。さらに、面接者の思いもよらない時に急突出してくることが繰り返しあると注意をしている。

ある日、守男は面接に現れなかった。キャンセルの連絡も何もなかった。彼はここでの心理療法が開始されて以来ほとんど休むことはなかった。無断キャンセルは初めてのことだった。それから十日ほど経った日の夕方、守男から電話が入った。彼からの電話もまた初めてのことだった。

「あの、まだ、あるんでしょうか?」

守男のおどおどとした声が聞こえた。

「あなたの時間は空いていますよ。お休みをされて、ご連絡がなかったのでどうしたのか、と心配していました」

しばらくの空白の時間をはさみ、守男は答えた。

「切ったんです。あの、……取ったっていうか」

彼の話は、順序立てた説明ではなく、わかりにくかった。彼の話を整理してまとめると、彼は夜中に激しい腹痛と吐き気を訴えて、母親が呼んだ救急車で病院に運ばれた。急性虫垂炎だった。炎症が広がりもう少しで腹膜炎を起こす寸前だったようで、開腹手術を受けたという。妄想であった痛みは現実のものとなったのだ。私は驚き、この出来事が守男のこころに何をもたらすのか心配になっていた。精神病の患者の場合、こうした突発的な出来事によって内的なバランスが一気に崩れ、新たな精神病的な嵐の波のうねりにのみこまれていく事は往々にして起こる。精神病と対峙していれば、今までこつこつと積み上げていたものが何かの拍子で簡単に破壊され、しばし呆然とし面接を続けていく事になす術もない無力感を感じる治療者も少なくはない。それは同時に破滅不安を抱える精神病者の無力感でもあるのだろう。いずれにしても、彼の中の健康なパーソナリティの部分を見失わず、そこと手を組み彼の人生の歩みに同伴し続けることが、臨床心理士の仕事の一つであると私は思っている。さて、踏みとどまるか崩れるか。次に守男が現れるまではわからない。

そして、次の面接の日が来た。約束の時間に守男は現れた。私はいつものように待合へ出向いた。私の姿を見つけた守男がゆっくりと立ち上がった。

「すみませんでした。休んでしまって」

軽く会釈をした守男を見て、私は驚いた。彼は麦わら帽子を被ってはいなかった。何ゆえ彼が帽子を脱いだのか。それは何を意味するのか。そして、またこの局面から何が展開していくのか。わからない。まずは守男と向かい合い話を聴かなければ何も分からないことだ。彼について思いめぐらした私の連想はひとまず脇に置いて、頭を白紙にして彼と向かい合おう。ビオンも「記憶なく、欲望なく、理解なく」と言っている。ページをめくれば何が起きるかわからない。そう思いながら、私は守男とともに面接室へ向かった。

# 第七章　二百十日《にひゃくとおか》――境界例の女性を抱えることと治療者の夢

水のこころ

高田敏子

水は　つかめません
水は　すくうのです
指をぴったりつけて
そおっと　大切に――

水は　つかめません
水は　つつむのです
二つの手の中に

そおっと　大切に――
水のこころ　も
人のこころ　も

高田敏子「水のこころ」[1] 新しい国語5年教科書より

# 嵐

ぶるるるー。ぶるるるー。受話器から呼び出し音が聞こえている。なかなか出ない。誰もいないの？　すぐに出ないなら、緊急時対応電話と言えないでしょう。イライラして電話を切ろうとしたその時、音が替わった。

「もしもし、こちらクリニックです。看護師です」

だれなの。あなた、だれなの。誰か助けて。わたし、バラバラになりそうなの。今すぐ来て。わたしの家へ。そばに居てちょうだい。わたしの話を聞いてちょうだい。

「どちら様ですか？　こちらに掛かっておられる方でしょうか？」

心理の三宅先生、出して。電話口まで。話を聞いてほしいの。助けてほしいの。

「三宅先生の担当の患者さんですか？　あの、クリニックはすでに今日の診療を終了しておりますので、閉まっています。ですので、三宅は、こちらにおりません」

それなら、あなたでいいわ。今すぐクリニックへ行くわ。そうしたら助けてくれるの？

「あの、ただ今は、深夜ですので、クリニックは無人です。私は自宅で電話を携帯しています。それに、現在のところ台風が接近しているようです。外はずいぶん風も激しくなってきております。外出は大変危険かと思いますので、今しばらくご自宅で頑張っていただいて、明日の朝の診察に来ていただければと思います」

台風なんてどうでもいいわ。そんなことたいしたことじゃないわ。心細くて死んでしまいたいのよ。何とかしてよ、眠ったら変な夢を見てしまったじゃないの。怖くて怖くてたまらないの。トマトをつぶしたら血だらけになっていたのよ。わたしの周りがね。トマトはね、赤ちゃんだったのよ。たまらなく腹が立って、潰したのよ。次々握りつぶしたのよ。そしたらそれは赤ちゃんの顔でね、なのにすごく簡単に潰せてしまったのよ。私もこんな風に自分をつぶしてしまえるかしら。死んでしまえるのかしら。

「あの、私にそのような話をされても困ります。よくわかりません。明日診療にお越しください」

何が、明日よ！　今のわたしの気持ちをどうしてくれるのよ!!

わたしは思い切り電話を壁に投げつけた。

がっしゃん！

※

昨夜の台風で吹き飛ばされたどこかの看板が飛んできたらしい。台風の去った後の吹き返しの風に煽られて、建物の外壁にぶつかって大きな音を立てた。昨日は二百十日だ。立春から数えて二百十日目の日は、江戸時代から雑節の一つとされており、台風がよくやってくる厄日とされている。新暦ではだいたい九月一日頃、季節は秋とはいえ、まだ残暑が厳しい。台風の翌日である今日の空は雲ひとつなく青く、暑い日になりそうだ。どこからか台風の風に吹き飛ばされてきた大物を片付け終わった看護師が汗をかきながら外来詰所に入ってきた。

「ああ大変だった」

正午少し前に面接を終えた患者のカルテを棚に片付けている私を見かけた彼が話しかけてきた。

「大変と言えば、そうそう。昨晩は大変でしたよ。三宅先生の担当の患者さん。たぶん高山祥子さんだと思いますがね。真夜中の一時ごろかな、電話があったんですよ」

看護師は昨晩の二百十日の嵐とともに舞い込んだ、患者からの電話について語った。そして、その対応にずいぶん苦慮したことが語られた。話題に上がった高山さんは、診断的には、境界例の大枠の中に位置付けて理解できる人である。この人に限らず、境界例と言われる人たちは、まるで「台風」のような人たちである。相当なエネルギーを持って医療の場面に現れて、暴風雨によって、治療者や医療現場が傷つき壊れるような事態をもたらすこともある。したがって、我々は、相当な覚悟で台風対策をしてその襲来に備えることになる。台風の特徴を読み誤っていると、患者もろとも治療者が奈落に落ちる危険性をはらんでいる。

さて、このクリニックでは、いっとき診療の方針として、クリニックの携帯電話を職員が交代で持つことになっていた。しかし、夜間に電話をされても診療の場から離れた所からは何もできない。私にも稀に電話番が回ってくることがあったが、主に看護師を中心にローテーションが組まれていた。入院施設を持たない診療所が夜間に通じる電話を持つことの意味が私としては今一つわからない。何ら対応するすべも持たず、夜間の患者からの電話へ対応するのはとても難しい。患者とて、夜間電話があれば、「いつでもどこでも自分を二十四時間体制で抱えてもらえる」という幻想を持ちやすい。ところが実際は限界がある。そう思いきや、それは蜃気楼だったという体験になりかねない。夜間の携帯電話には、「患者を抱える医療体制」という発想があるようだが、時にそれは危険なことに通じる。スタッフたちはその危険を感じつつ、どうその危険をうまくかわし回避するかに苦労する。

心理療法において、「患者（の心）を抱える」という表現をすることがよくある。「抱える」という言葉は、「荷物を抱える」とか「赤ちゃんを抱っこする」など、イメージが沸きやすいので、患者を抱えるということも何となく分かったような気になりやすい。しかし、これはいったいどういうことを指すのだろう。治療的には患者に対して治療者がどう対応することが「抱える」ということになるのだろう。患者の気持ちを理解することを指すのか。患者さんの要望に応えることを指すのか。いずれも十分な解説とは言えない。患者が「私の気持ちを聞いて理解してほしい」と求めた時、果たしてどうすることが真に患者を抱えたことになるのだろうか。「抱える」とは、実はいろいろと誤解を抱えてしまう言葉でもあるようだ。

## 抱えられずにきたこと

台風の日、夜間に電話をかけてきた患者。彼女によって、看護師は、「もうお手上げだ、困った」と、抱えきれない気持ちになってしまった。私が継続的に面接をしている高山祥子とはこんな女性であった。

祥子は三代続く商家の跡取り娘である母と、婿養子に入った父との間に生まれた。かつては栄えた家業も時の流れとともに傾き、父の代には規模を縮小させる憂き目になっていた。跡取りとして男児誕生を期待された中で祥子は生まれた。彼女が女児であったことは周囲を特に両親をがっかりさせた。両親の夫婦仲は悪く、祥子が生まれた以後も、喧嘩が絶えず、日々悪化していった。神経質で普段は無口な父親であったが、酒を飲んでは暴れ、物をよく壊した。父親は婿養子としての重圧感を感じ、かつての繁栄を維持できない事に不甲斐なさを感じていたのであろう。「父のそれが始まると、いつも私は押入れに隠れて恐ろしい時間が過ぎていくのを待っていました。そして、ごめんなさいといつも唱えていました」こんな風に彼女は回想している。一方、母は、お嬢さん育ちで気位が高く、人からの賞賛や高い評価を過剰に求めるところがあった。祥子は母が満足するにはどうすればよいのかを常に気にしていた。祥子は子どものころから成績優秀であったが、「もっとよい子でなければ認められない」という思いに常に駆り立てられていたという。

優秀な成績で理工系の大学、大学院に進んだ祥子は、真面目に学業に取り組み、完璧に実験をこなした。そして、周囲からはその能力の高さを評価されてもいた。大学の教員や仲間たちの目に映る彼女は、感情的になることがない「お人形」であった。その一方で、昼間の祥子とは別人のようなもう一つの顔があった。一人暮らしの彼女の部屋には複数の男性が出入りし、性関係をもっていた。完璧な優秀な学生であったはずの祥子であるが、不眠が自覚され始め、あれほど完ぺきだった実験にミスが目立ち始めるようになった。そして、破綻が訪れた。修士論文提出も近いころ、睡眠薬の多量服薬で自殺を図り、救急搬送され命を取り留める。両親はこの事件に慌てた。祥子の意向を確認することもなく、両親の手によって手続きがなされ、彼女は修士論文を提出することもなく大学から去ることになった。郷里に連れ戻された彼女は、両親の監視下に置かれ、ほとんどひきこもり生活を送っていた

　そんな生活から祥子は結婚によって脱出をする。二五歳の時のことだった。彼女は「誰とでもよかった。あの家から逃げ出したかった」と当時の気持ちを語っている。夫は、温和で彼女が何をしても許してくれそうな人だった。口論など起こるはずもない。そんな期待を彼女は持っていたが、現実は違っていた。彼女は度々昔の男友達の家へ出かけて、数日外泊して帰ってこないこともあった。そんな彼女を、夫は黙って笑って受け入れてはくれなかった。外泊を咎《とが》める夫との口論が発端となり、彼女は興奮状態になり、自殺企図をほのめかしあばれた。夫に連れられて、祥子は精神科クリニックを受診した。

　精神分析家の中でも比較的日本でよく知られている人の一人にウィニコットがいる。彼は「偽りの自己」という概念を考えている[2]。彼の提示した概念は次のように説明できる。乳幼児期のまだ初期には、自分という感覚がまとまって出来上がっていないような段階がある。そこで現れた乳幼児の自発的な欲求に対して、それを母親が的確に読み取りそれに応じていくことが求められるという。しかし、母親が乳幼児の欲求を理解できなかったり、読み取り間違えたりすることもある。またそれが子ども自身の思いとはかけ離れたものであり、子

どもにそれが無理やり押し付けられたような場合、子ども自身は自分の本来の欲求を殺すことになる。そして押し付けられたものをあたかも自分の欲求だったように思いこむことが強いられる。こうした親からの押し付けや服従の下に、本来あったはずの子ども自身の欲求は現実には陽の目を見ることなく、地下に閉じ込められる。そして心の中は、空っぽのまま、表面的には母親に押し付けられた衣服を身にまとい社会に適応し成長をする。しかし、衣服を脱がざるを得ない事態が発生し、その内実が空っぽであることが白日のもとにさらされると、それまでのかりそめの適応は破綻し、大きな挫折や精神的な問題が発現する。祥子もまた、この「偽りの自己を持つパーソナリティ」と理解できる。

祥子も真の欲求を殺しつづけることで、かりそめの自分を表面的に保持してきたのであろう。そうする中で、彼女の心には空虚感が広がり、それが青年期になり表面化した。その慢性的な空虚感を穴埋めするように祥子は複数の男性との接近を試みた。しかし、あがけばあがくほど一層の「不毛の感覚」が生み出され、心はますます荒れていったようだ。

彼女の心理面接は春から始まっていた。初回面接での彼女は、淡々と夫との関係がうまくいっていない事を語った。しかし、何かに困っているという切迫感は彼女から伝わってこなかった。私は、彼女と同じ部屋に居ながら、何か別のところにいるような妙な感覚を感じていた。また、「ドクターが勧めたから、来てみただけ」と、どこか他人事のように話す彼女と共に、心理療法を今後続けていけるものだろうか？と私は疑問すら感じた。しかし、面接を終了した後、私の頭の奥に重い痛みが残っていた。その夜、私は夢を見た。

暗い入りくんだ路地に私はいた。寒々とした空気が流れ、まわりの家並みは落ちぶれた雰囲気を漂わせていた。ふと気がつくと、五歳くらいのおかっぱ頭の色白の少女が一人で立っていた。彼女に近づき、名前を聞いた。その子は小さな声で「しょうこ」と答えた。そこに魔法使いのような老婆が一人やってきて、彼女の手を引いて引きずるように連れて行こうとしていた。彼女は苦しそうに顔を歪めていた。そして彼女は、「わたしの家が……」と指差した。その方向を振り向いてみると、ぼろぼろに崩れた家があった。ふと気がつくと、少女も老婆も姿を消していた。

私が見た夢に出てきた、少女「しょうこ」は私が前日に面接をした高山さんであることは言うまでもなく、「ぼろぼろに崩れた家」もまた彼女のすさんだ心を意味するのであろう。また、彼女がいかに自分を守り育む環境を持ちえずに生きてきたのかを物語っている。そんなことを目覚めた私は感じていた。また、魔法使いのような老婆は、彼女を傷つけてきた周囲の人々とりわけ母親のことと考えられる。また同時に心理療法という恐ろしげな世界に彼女を引きずり込もうとしている治療者、つまり私のことでもあるのだろうと考えた。

私の意識が抱えられずにいたことを、私の夢が抱えたようである。私は、本当にこの人に心理療法が意味をなすのだろうかと疑問すら感じていたわけだ。しかし、私の夢は、彼女の問題の深刻さと心理療法を必要としていることを掬い上げ、私に差し出していた。

## 抱くことと、抱かないこと

彼女との面接はスタートしたわけだが、当初は、「心ここにあらず」でボーッとしていることも多く、「忘れていました」というキャンセルも相次いだ。そうかと思えば、「どういう話をしたらいいですか？　先生の希望に沿って話します」とすっかりお人形になった。つまりは、彼女は私との関係に踏み込まない距離に佇んでいた。今まで「母親にとっての良い子」に限りなく近づこうとしてきた彼女は、「治療者にとっての良い患者」がどのようなものなのかを知ろうとした。

しかし、彼女のそのスタンスは次第に崩れていった。季節が夏を過ぎようとする頃から、面接室内の風雨は激しくなっていた。彼女は次第に激しい感情を表出するようになっていった。一方家庭では次第に抑うつ的になり布団から出てこない事もあった。家の中は汚れ、台所には洗い物が放置された。また、冒頭の電話のように、不安になるとクリニックへ電話をかけてくることも増えていた。

「このところずっと家に閉じこもっていて外に出られなかった。何かを行動に移す力がない感じで、死にたい気持ちが沸いていく。誰かにそばにいてほしい、助けてほしいのに、そんな人は誰もいない。誰にどんなふうに助けてもらったらいいのかわからない。自分で自分の気持ちがよくわからなくなって、夫に怒鳴って、でも夫はチンプンカンプンで通じない。そうするとどんどん自身が無くなって苦しくなってくる。素直に感じることがとても怖い。綺麗なものをきれいと思ったり、嫌なことをいやと思ったりすることが苦痛に感じる。何かを感じてしまうと傷ついてしまう」

こう叫びながら祥子は、心理面接がそんな彼女を簡単には救ってくれない事への不満や怒りを訴えた。

「ここで自分の心のゴミを出して、ゴミを捨てているつもりが、気がついたらこれはあなたのゴミよと先生が私に突き付ける。私はこうして話していて少しも楽にならない」

そして子どもの頃、大人の顔色をうかがってよい子をしていた心細さや、母親を怒らせてしまった後の恐怖について語った。彼女は床をどんどんと足で踏みならして大声で泣いた。その声を聞きながら、私は面接室の床や壁にひびが入りバラバラに部屋が壊れていく様子を空想した。そのバラバラになっていく面接室のさまは、祥子自身が体験しているバラバラになりそうな不安を表していたのだろうだったのだろう。彼女はまるで赤ん坊のように四肢をばたつかせて泣き叫ぶことで、外界に自分の不快感を排出していた。

次第に彼女の自殺念慮は強くなり、毎日のように電話がかかるようになった。夜間の電話がかかり、「今すぐにでも死んでしまいたい。助けてほしい。今すぐ自宅に来てほしい」という訴えがしばしばなされた。電話携帯当番に当たっていたスタッフはその度ごとに汗をかきながら、それはできないと説明をし、彼女が電話を切ってくれるまでに時間もエネルギーも使った。

彼女に限らず、心理療法が進み深まってくると、従来の症状が表面的には悪化したようになったり、今までの問題の代わりに他の症状が加わってくることもある。患者自身も「かえって苦痛になってきた」と感じられてくる。しかし、これは「悪化」ではなく、もともと水面下に隠れてきた問題が、潮がひくことで表に露わになってきたことなのだ。この状態の中で、患者と共に停滞し、心の作業を進めていくのはエネルギーがいる。あふれ出てくる彼女の中の感情を、私は、「抱えきれない」と感じ、なすすべもないような無力感を感じることもあった。それは、同様に彼女自身も感じていたことだった。

このようにして面接は何カ月も続いた。

「子どもを殺してしまったこと、今頃になって後悔し始めている」

以前に堕ろした胎児のことが話題になっていった。結婚してすぐに妊娠した祥子であったが、「どうしても産みたくない」と言ってひどく不安定になった。母親になることが怖いと言って泣いた。彼女の剣幕に夫も負けてしぶしぶ同意した。無かったかのごとくにすでに忘れてしまっていた出来事であった。しかし、この頃になって祥子は中絶して葬ってしまった胎児のことを思い出し、夢もよく見た。祥子にとって、「殺された子ども」は堕胎した胎児であり同時に彼女自身のことでもあった。ある時、胎児の話をしていたかと思うと、急に彼女はソファの上に上がり身体を丸くしてしゃがみこんだ。そのままの格好で面接時間の大半を過ごした。そんな面接が続いたある日、彼女は面接の終了間際に立ちあがり、私に向かってこう言った。

「先生、私を抱いてくれませんか」

私は驚いてもう一度聞きなおすと、彼女は言った。

「どこまでも安心という感じがほしいのです。身体が溶けて水のようになっても、大丈夫という感じがほしいのです」

彼女のいうとおりにしようとしない私に向かって、彼女は再度繰り返し、そしてこう付け加えた。

「抱いてください。そうじゃないときっとわたしは死ぬわ」

しかし私は動かなかった。そして、彼女が延々と繰り返し語ってきた胎児の姿を思い浮かべていた。かつて祥子の胎内で、羊水の中を漂うように眠っていたであろう胎児の姿を。しばらくして、祥子の目に落胆が浮かんだ。彼女は「先生は遠い、冷たい、固い！」と怒鳴り部屋から出て行った。
バタンとドアが閉まった後すぐ、私は止めていた息をゆっくり吐いた。私の中には「頑張って踏みとどまった」という思いがあった。しかし、時間が経過するとともに、私は苦い気持ちになっていった。祥子を突き放しすぎたのではないか、彼女が死んでしまうのではないかという思いが頭をもたげてきた。そして、その夜、私は彼女の夢を見た。

ごつごつしたひびの入った岩でできた洞窟のような丸いシェルター。その中に祥子が座っていた。その岩の家の横から細い道が続き、山の向こうの地帯へ行けるようになっているらしかった。そちらは安心できる温暖な場所になっているらしい。彼女が皆を呼び寄せている。その声に引き寄せられるように看護師など病院スタッフがその岩の中に入っていく。まず彼女は看護師の一人に「腕を握ってほしい」と懇願する。頼まれた看護師が彼女が願うとおりにすると、彼女の腕はたちまち石になってしまう。また「足が痛くて歩けないからおんぶしてほしい」と彼女は別の人に哀願する。頼まれた人は、彼女の願いを聞き届け、彼女を背負って足代わりになって歩こうとする。しかし今度は彼女の足が粉々に壊れて崩れてなくなってしまう。さらに、彼女が「向こうに何があるのか私の代わりに見てきてほしい」と言い、それに従って誰かが細い道を歩いていく。すると彼女の目はたちまち見えなくなってしまう。そしてなんと、彼女の傍で彼女の願いを聞こうと仕えていた人たちはいつのまにか石と化していた。私はその岩のところに近づいて言った。「あなたは、本当は一人で歩いてあの道の向こうへ行けるはずでしょう」

すると彼女は答えた「そうよ、でもみんながわたしの手や足を奪っていくのよ。でもまだわたしには言葉が残っていて、こうして話ができるの」と。

「自分を保護して守ってくれるはずのものなど何もない」。そう面接室の祥子は感じているようだった。母親は、子どもである自分を保護してくれなかった。また心理面接の中では治療者などあてにならないものだ。ひびの入った洞窟の冷たい岩のように治療者のことを感じていたのかもしれない。彼女は内的空間でも、治療空間でも無力感を抱えていた。

しかし彼女は意識的にそれを表明はしていないけれども、表面的な依存ではなく、適切な支持を求めてもいたのだろう。意識や言葉では、「抱いてほしい」と言いつつも、彼女の中に自らの心を自らの手で抱える力の成熟も求める気持ちもあったのではないだろうか。彼女の心の奥に秘められたその成長への意志を私の夢が察知したとは考えられないだろうか。もちろんこの夢は私自身の個人的な意味をもつものなのかもしれない。それを否定するわけではない。しかしあえて私は、この夢を、治療関係との関連で理解した。

彼女の言うように、彼女の身体を抱き上げたとしても、彼女は本当には救われるわけではないのだ。彼女に対しての不適切な侵入をすれば、彼女はたちまち石と化し生命を失う。彼女の怒りに怯えて彼女が言うがまま直接彼女の体に触れれば、私自身もたちまち石となり治療者としての生命を失うことになっただろう。

祥子に限らず、時に患者は「大丈夫と言ってほしい」、「見捨てないと言ってほしい」そして「抱いてほしい」と治療者に訴えることがある。それにすぐに応じない治療者に対して怒り、そして「死んでやる」、「幻滅した。もう面接には来ない」と治療者を脅すことがある。また、「あんたなんて役立たず」と治療者を情けない気持ちにさせたり、罪責感を味あわせたりもする。それは直接的に言葉によって示される場合もあれば、非言語的に表現されることもある。そんな時に、とりあえず「大丈夫」と言ってあげれば、確かにその時はほんのひととき患者に何かをしてあげられたような気持になるかもしれない。しかしこの時、ほっとして楽をするのは治療者であり、患者ではない。それどころか、患者が心理的な成長をする可能性を破壊したことになりかねない。

精神分析の考え方の中で、治療者の治療的な姿勢の一側面を「抱える」という言葉に近似の用語で表現し理論化している人たちがいる。例えば、ウィニコットは、治療者が患者を理解し支えるありさま（治療的態度）を、母子の一体化した世界と類似したものと考え、「ホールディング（holding）」という概念を提示している。この用語は、日本語では「抱っこ」と訳されることもあるようだ。また、ウィニコットとは少しニュアンスが異なるが、クラインの影響を受け、さらにその理論を展開したビオンも、治療者の役割や患者への対応のモデルをやはり赤ちゃんと母親との交流の有り様を通して提示している[3,5]。赤ちゃんが苦痛を感じてそれを母親に排出する。母親はそれを受け取って、苦痛をもっと穏やかなものにして赤ちゃんに戻す。そして同時に心に一時的に置いて苦痛を包み込み和らげた心の機能も同時に赤ちゃんにとりいれられる。これはそのまま。患者と治療者との関係に移し替えて当てはめて考えることができるとされている。この母親の機能をコンテイナー機能と呼んでいる。「コンテイナー（container）」という概念は、「容器」「包容」「器」「受け皿」などと訳されることもあるようだ。

赤ちゃんは自分の体験している苦痛が何なのかわからない。ただただ、その苦痛に圧倒されて泣いている。母親はその苦痛が何なのか吟味する。空腹？　オムツがぬれて気持ちが悪い？　お腹が痛い？　それとも……？　そして母親は、空腹とわかれば、赤ちゃんを抱き上げてミルクを与える。そんなやり取りが、何百回、何千回、もっとそれ以上と繰り返される中で、赤ちゃんは発達とともに、自分の体験を表現しその苦痛を自ら克服するすべを手に入れる力を持つ。例えば、わけもわからず泣き叫ぶ赤ちゃんは、成長とともに、お腹がすいていれば「マンマ」と言って食事を要求するようになる。もっと大きくなれば「腹ペコ」と言ってお菓子をつまむかもしれない。こうした子どもの言動は、放っておいて自然に起きてくるわけではない。母親との相互のやり取りを通して身につけることなのだ。

　これを患者と治療者との関係に移し替えればこのようにいえるのかもしれない。問題を訴えてやってくる患者は自分の体験している不安が何なのかわかっていない。ただただ、その苦痛に圧倒されて症状を出している。そして治療者はその苦痛を自らの持っている専門的な知識をもとに吟味し理解し、その理解を提示する。そんなやり取りを膨大な回数積み重ねる中で、患者は自らの心に起きていることを知り、さらには自ら吟味し、それを克服するために、自らの心を成長させるのにはどうしていったらよいのかを発見していく。

　赤ちゃんが生まれた時から「僕はお腹が空いたんだ」などとは言えない。それと同様に、症状や問題に困惑し格闘している最中の患者は自らの心で起きていることが見えない状態になっている。たとえ言葉で何かを語っていたとしても、それは適切な言葉や思考によるものでない場合が多い。「会社に行くと頭痛がするのです」と言っている人は、実は心の方は「会社の上司が自分を認めてくれないので、さみしい気持ちがしている」と思っているのかもしれない。しかし、患者はそんなことも全く意識して考えていなかったりする。ただ、訪れる患者の問題は前述のような簡単な気づきや洞察で改善される場合は少ない。患者自身の性格や人格形成の問題にも絡んで複雑化している問題が多く、その人の心の中に起きていることの理解はそう簡単なものではない。その理解の手掛かりに、「転移・逆転移」の理解が役立つ。面接の経過の中で、患者が治療者に向ける感情がある。またそれに応じて、治療者が体験する感情がある。この二つの感情を精神分析では「転移・逆転移」と呼ぶ。転移・逆転移を吟味することで、患者のこころの中で起きていることがより鮮明に理解できることは多い。受け取る側がいてこそ、患者のこころの中身がはっきりしてくる。手によって掬い包まれた水はそこで体を成す。治療者側の感情の形をなぞっていくことで、患者のこころの形が明らかになっていくというわけだ。このようなことは、単純に言葉の水準だけでなくいろいろな水準で行われている。ビオンはそのさまざまな水準を「グリッド」という考え方で整理している。その中で、夢という水準についても言及している。(4)

私は患者の夢を見ることで、患者のこころの形状を表面的に意識されている所だけでなくその目に見えない所も含めて受けとめ、理解することができたのではないかと思う。つまり、私は彼女を現実的に抱かないことで本当の彼女のこころを抱くことができたように思う。

## 抱える空間

さらに心理療法は続いた。祥子は休まずに面接に通ってきていた。面接室で激しく表現をしていく中で、自殺企図などの行動化はおさまっていった。傷ついた赤ちゃんについての連想や夢を語っていた。赤ちゃんとはとりもなおさず祥子自身であった。しだいに、傷ついた赤ちゃんは、その傷の赤みがひき、腫れも治まり回復した姿へと変わっていった。この頃の祥子は活動が低下した状態が続き、面接でも沈黙が多かった。私は息をひそめるように気持ちで面接に向かった。そんなある日、私は夢を見た。

小さな小さな素焼きの植木鉢の前に祥子は座っていた。そこに小さなスコップで少しずつ少しずつ土を入れた。土の粒がつぶれてしまわないように、スコップで上からパラパラと入れた。それから彼女は手で土を均した。そっと土を押さえつけないように気をつけながら、その真中に小さな穴をあけた。小さな苗をその穴に入れて、根元に土をかけた。それから彼女はバケツに水を入れて運んできた。両掌をぴったりとくっつけて指と指をぴったりとくっつけて、彼女はそっと水をすくった。そしてそっと苗の根元に水をかけた。そっと水を包み、そっと水を掬う。「小さな花が咲くといいわ」と祥子は小さくささやいた。

この夢を見た次の日、彼女との面接で私は、そっと彼女に伝えてみた。

「何か大切なものを育んでいるようですね」

彼女は静かにうなずいて、そして黙って私を見ていた。

「小さな植木鉢」は祥子のこころの器であり、そこに「小さな苗」である祥子自身を植えようとしている。そして育てようとしている。今度こそ小さな花が咲くようにと願いを込めながら、小さな自分がつぶれてしまわないようにそっと大切に作業をしているようだった。そして、私のこの夢の中の祥子は、同時に面接室という植木鉢に祥子の心の苗を植えようとしていたかつての治療者・私自身であるのかもしれない。そんな思いを巡らしながら、彼女の沈黙を見守った。

しばらくして、祥子は夫と新しい家を探し始めた。新しい家は簡単には決まらなかったが、彼女は面接場面で自発的に家の絵を描いた。新しい家は、彼女が自らを安全に抱えるこころの空間を象徴するもののように思われた。そして、彼女新たな家を持ち、その中で自らを育てていこうとしているようだった。植木鉢の苗を育ていくように。

心理面接はここで終わりではない。彼女がこの苗を枯らしてしまわないように、育てていく道程を共にし、また新しい家という自らを抱える空間を創造するプロセスを見守る心理臨床家としての仕事が残っている。

# 第八章　秋《しゅう》分《ぶん》——抑うつを訴える中年女性の喪失と再生

わたしを束ねないで

新川和江

わたしを束ねないで
あらせいとうの花のように
白い葱のように
束ねないでください
わたしは稲穂
秋　大地が胸を焦がす
見渡すかぎりの金色の稲穂
（略）

わたしを名付けないで
娘という名　妻という名
重々しい母という名でしつらえた座に
座りきりにさせないでください
わたしは風
リンゴの木と
泉のありかを知っている風
（略）

新川和江詩集『わたしを束ねないで』[1]より

## クシコスの郵便馬車

「クシコスの郵便馬車」の音楽が屋外から聞こえてくる。少し眠ってしまったようだ。わたしは、小学校の保健室のベッドから起き上がった。今はちょうど徒競争をやっているのだろうか。声援が聞こえる。窓から外を見る。来賓席のテントが目に入る。この小学校では、例年秋分の日に運動会を開催している。秋の空は運動会によく似合う。息子も娘ももう随分前に卒業しているが、その後もわたしは地域の役員として毎年小学校の運動会に参加してきている。しかし、今年は、途中でめまいを起こしてしまい、こうして保健室で横になっている。

「今までこんなことはなかったのに……」

運動会だけではない。今朝は姑に嫌みを言われた。

「佳子さん、どうかしているんじゃないの?! このおはぎ、とても食べられた代物じゃないね。もち米の分量か、それとも水の分量でもまちがえたのかね?」

とんでもない失敗をやらかしてしまった。お彼岸の時はいろいろと忙しい。仏壇に供えるおはぎ作りから町の祭礼の行事やら、お墓の世話からなにから。でも、わたしは、いつもそつなくテキパキとこなしてきた。びっしりとノートに書きだしてあるさまざまな仕事。誰よりも早く、誰よりもしっかりと。「できた嫁さん」。多くの人たちにそう言われてきたはずだった。

今朝の姑の言葉ではないが、最近のわたしはどうかしている。情けない。そういえば、明日はクリニックへ行く日、心理カウンセリングの日だ。もうかれこれ、一年近く通っている。それなのに、あまり何かが改善されたとも思えない。それどころか、こんな風に運動会を見ている途中でめまいを起こしてしまって、……情けない。わたしはどうなってしまったのだろう。このままでは、きっと心理の先生にも匙を投げられてしまうんじゃないかしら。先生の意図する重要なことは何だろう。わたしがマスターできていないことは何だろうか? ただ、先生は、「こうしろ」とは言われないから、カウンセリングの受け方がこれでいいのか、間違っているのか、それもわからない。でも、改善しない。ということは、わたしが何か重大なミスをしているような気がする。それもわからない。

「こんなできの悪い人は相手にできない。そろそろお引き取り願いたい」

先生はそんな風に思っていないだろうか。額に汗が滲んだ。顔がほてって熱い。運動会の音楽が耳の中で鳴り響く。まるで郵便馬車に急かされて追いかけられるようだ。鼓動がドキドキと速くなった。

バタン。戸が開いた。

「原田さん、どうですか？　大丈夫ですか？」

心配そうに入ってきた養護教諭の先生の声だった。わたしは慌てて、衣服を整えた。

「はい、大丈夫です。こんな失態をお見せいたしまして、どうも申し訳ございません。少しばかり昨晩は睡眠が少なかったものですから。でももうすっかり良くなりましたので、テントの方へ戻ります。最後まで競技の方は拝見させていただきます。ご心配なく」

わたしは、まだ頭に残るふらつきを払いのけるように立ち上がり、背筋を伸ばした。運動会のプログラムは後半にさしかかり、運動場では大玉ころがしが始まっていた。音楽は「郵便馬車」から「天国と地獄」になっていた。

※

朝出勤した私は車から降りると、空を見上げた。澄んだ青い秋の空だ。そこにうろこ雲が、きらきらと光を反射させてならんでいる。私は、職員通用口から中に入り、心理室へと向かった。白衣を着て、手帳を広げた。

今日は、九月二四日。秋分の頃は、昼間は少し蝉の声も残るが、朝、夕は少しずつ季節の移ろいを感じる。私は、今日の予約を確認した。この日の面接は、心理療法を始めてからの経過が長いメンバーで占められていた。他には心理検査が一つ入っている。私は、午後二時の予約になっている原田佳子の先週の面接をぼんやり思い出した。姑のしりぬぐいをさせられたことについての不満を珍しく彼女の方から口にした。それはいつになく強い口調だった。

「あなたの中にそうした気持ちがあるのですね」と私は彼女を見つめて言った。

彼女は戸惑った様子で視線を外した。

他者に対して、不満を持つこと、怒りを感じること、批判すること。これらは、佳子にとって、あってはならない恐ろしいことだった。長年、彼女はこうした感情に目を向けることを避けて、無理に抑えこんで生きてきた。それだけでは不十分であると、さらなる備えがされた。時にそれは、善意や従順という風呂敷に入れられてしっかり幾重にも包まれた。たとえ何かの拍子に誰かの目に触れるようなことがあったとしても大丈夫な、安全対策だった。これらが「抑圧」、「隔離」そして「反動形成」の防衛機制である。こうやって長い間分厚い鎧をきて、彼女は日々の生活の中で過剰適応を保ってきた。私は、カーテンの向こうに見え隠れする彼女の怒りの感情を取り上げていった。そして、彼女は「治療的退行」という山を登り始めていた。少しずつ進み、最初の大きな峠にさしかかっていると私は感じていた。乾は、(2)治療的な退行現象について、「進展を含んだ退行」と述べている。それは一見すると状態が悪くなっているように見えるものであるが、治療全体の過程においては前進を意味するものである。しかし、進展とはいいえ、楽しいハイキングではない。試練の多い山登りだ。私は、佳子が後ろを向いて山を下りてしまいたくなっていると感じていた。

「彼女は今日キャンセルせずにやってくるだろうか」
秋の日、上空では夏の空気と冬の空気が綱引きをしていた。昼を過ぎると、朝の澄んだ青空は嘘のように、天気は下り坂になっていった。

## 開門

一年前、四四歳の佳子は不眠と疲労感を訴えて、クリニックの外来に初めて訪れた。長男が大学進学をして家を出た後、しばらくして不眠が始まった。初診後、主治医の薬物療法がすぐに開始され、その二カ月後に主治医から心理面接の依頼がされた。

初回面接の日、佳子は早めの受付を済ませ、予約時間の十五分前には待合室の隅の場所に座っていた。背筋をピンと伸ばし手を膝の上に置いて、頭だけが少しうつむいていた。私が待合にいって名前を呼ぶと、佳子はさっと立ちあがり深々と頭を下げて「よろしくお願いします」と挨拶をする。私は彼女を案内する形で面接室へと移動し、その戸をあけて入室を促す。しかし彼女は、「先生、どうぞお入りください」と私より先に部屋に入ることをためらっている。再度私が促すと、会釈をして入室する。次に私は、「どうぞお座りください」と着席をすすめるが、彼女はすぐには座らず、またもや深々とおじぎをされる。彼女は背中に力を入れて姿勢を正した。

「原田佳子と申します」

丁寧なお辞儀のあとゆっくりと腰かける。待合から面接室に入ってこの言葉が出るまで、時間としては正味五分。それにしてもずいぶん長い五分間だと、私は感じていた。そして、厳粛な式にでも参列しているような堅苦しい気分にもなっていた。

彼女は、ショートカットに黒ぶちの眼鏡をかけた真面目そうな女性である。着席後も前傾姿勢で背もたれと背中の間には拳一つ分ほどの隙間が開いている。

患者が待合から面接室に入るまでの時間は、特別の場合を除き、せいぜい五分程度のことである。初回面接開始のその短い間に、すでにその人の持っている問題や人となりが圧縮し表れていることも多い。

ライヒ[3]は、『性格分析』の中で、患者の語る連想内容だけでなく、面接場面であらわされる形式的な要素に注目することの重要性を述べている。その表面的な立ち居振る舞いを「性格の鎧」として分析することを「振る舞い分析」と称した。話し方、歩き方、服装、面接時間に対する態度、料金の払い方、特徴的な身振り、癖等が分析対象になる。小規模な外来クリニックは、大きな病院と比べれば狭い空間の中に多種機能がコンパクトにまとめられている構造にある。そのため、患者が受付を済ませ、待合室で待っている様子からはじまり、料金を支払って帰っていく様子までつぶさに観察する機会に恵まれる。待合室のどこに座り、どのようにして待ち時間を過ごしているのか。他のスタッフ（受付のスタッフや看護師）への態度も、時には面接場面での私への態度と時随分違うこともあり、その人の違った一面を知る機会にもなる。意外とそんな所に、患者を理解するための重要な示唆が含まれていることもある。

「どのようなことで、この面接を希望されましたか？」

この初回面接の冒頭での私の問いかけに、佳子は開口一番、「そもそもわたくしが悪い」と答えた。その言葉から始まり、面接全体に彼女の自罰的傾向がばらまかれた。

「はい、そもそもわたくしが悪いのでございます。子どもが大学に進みまして。しかし、本当はもう少し上のランクの国立大学へと希望しておりました。わたくしがいたらないばかりに、そちらは失敗しまして。家族一同、特に御舅様《おとうさま》はかなりがっかりされまして、ひとえにわたくしがいたらないものですから」

佳子は、舅《しゅうと》の期待にこたえられなかったことを嘆いた。そして、息子をうまくサポートして希望大学合格へと導くことができなかったことは自分の責任であることを繰り返し語った。さらに嫁としての仕事がたくさんあり、それも思うようにこなせず疲労感だけがたまっているとため息をついた。

「息子の方は結構楽しく元気に大学生活を送っているようで、特に問題はないのですが、わたくしが不甲斐ないことに、なんとも調子が悪くなりました。こんなことではいけない！　と自らに叱咤しております」

佳子は、背筋をぴんと伸ばして、時折深々と頭を下げて自らの責任について語った。

さらに彼女は、下から見上げるような角度で、何かを懇願するような目でじっと私を見た。

私は何やら自分が偉い人になったような、家来に傅《かしず》かれている王様になったような感覚を持った。それだけでなく、同時に彼女の緊張感が伝染したかのように、私の背部の筋肉は固くなっていた。

さらに私は、彼女の生活の様子を具体的に聞いた。その話からは、彼女は標準的な主婦以上にたくさんの雑務をこなしているようだった。私はそれを彼女に伝えた。

「家の落ち度はわたくしのせいです。何かあってからではいけません。考えると次々にやるべきことが出てきます。何一つうまくやれていないのです」

彼女の繰り返す「わたくしのせい」というフレーズに、私は共感しがたい気持ちが沸いていた。さらに、彼女は今朝出がけに、姑から掃除のやり方について注意を受けた話をし、姑の意向をくみ取って行動できない自分の不甲斐なさを語った。

期待された通りにできていないと自分を責めるという彼女の傾向を指摘し、私はさらに一歩踏み込んで「今ここで」の彼女の私への感情を取り上げた。

「今ここでお話しされていても、私の期待に沿ったようにうまく話ができていないのではないか、というご心配がありますか？」

佳子は慌てた様子で、少し目を伏せて答えた。

「は、はい。申し訳ありません。わたくし、こうした話はあまり得意ではありませんで。きっと先生もわかりにくいところがあるように思います。どうぞお許しください」

佳子は叱られて小さくなっている子どものようだった。

私は、彼女が事実関係について十分な説明をしていることを伝え、さらに付け足した。

「あなたは説明ができている。それなのにあなたは、私にうまく伝えることができていないように感じているのですね」

佳子は少し力を抜いた声のトーンで言った。

「はい、わたしは小さい時から要領が悪くて、どうもいけません。よくおじい様から叱られていました。もっと落ち度なくやれないのかと」

彼女は自らを「わたくし」ではなく「わたし」と言うようになっていた。

彼女は自分の原家族の話を始めた。そこでは、家の権力の全てを祖父が握っていた。彼女はもちろん、家族中が祖父を「おじい様」と呼んでいた。彼女の学用品やおもちゃ一つにしても父母が自由に買うことが許されていなかった。また、祖父は長子である佳子が男の子でなかったことにかなり不満を持っており、彼女の養育にかける費用を切り詰めるようにとも父母に指示をしていた。そんな中で佳子の下に男子が生まれた。長男である佳子の弟は「家の宝」として大切にされた。弟は祖父の寵愛を受け、望むものが次々と買い与えられた。父母にはそれを止める力もなかった。祖父は、「女の子は家のために役立って初めて価値が出る」という価値観を持っており、佳子は「よい子でなければいけない」と常にびくびくしていた。佳子は、家庭の中で明らかに粗末に扱われていた。しかし、その扱いへの怒りが彼女から表現されることはなく、期待に沿った行動ができない自分がいけないという話へと集約された。

「あなたの中には今も、そのおじい様がいて、そしてあなた自身の落ち度を探しているようですね」

彼女は苦笑してから、少し間をおいて言った。

「探しているというより、いつの間にかそうなっているのです」

そして、面接の中で彼女が話している内容が、治療者の意に沿わない不適切なものなのではないかという不安を持っていることが話題となる。そこには少しばかりの緊張から解放された時間があった。しかし、それは束の間であった。面接も終わりに近づいた時、彼女は再び厚い鎧を着込んだ。

「先生のお力によって、わたしも頑張ってなんとかよくなりたいと思っています。何なりとご指示くださいませ。よろしくお願いします」

「先生のお力」という言葉を聞き、私の背中の筋肉も再び緊張した。佳子は、落ち度なく丁寧にと心掛けて席を立ち、面接室から退出していった。

これが佳子との心理療法のオープニングであった。多くの場合、患者はこの最初の段階で、その後の心理療法過程というドラマのシナリオをすでに持ちこんできている。

松木は「人の心の中には三次元的な内的世界がある。ここに自己と対象が交流しているし、この内界の自己と対象の関係が投影されて現実外界での対人関係が形作られている」と述べている(4)。これを「対象関係論」というわけだ。患者の持ち込んだシナリオは、この自己と対象をキャストとした脚本であり、そのキャストの関係は「対象関係」ともいえるだろう。そして、転移・逆転移という現象によって治療者にもいつのまにか配役がされ、その舞台でドラマの一部を演じ始めている。佳子の持ってきたシナリオでは、苛酷な命を出す専制君主と、それに従い使命を全うする下僕がメインキャストとして登場していた。それは、厳しいしつけをする万能な親とその支配下にひざまずく子どもという構図ともいいかえることができる。そして面接という舞台では治療者である私と患者である佳子に配役がなされていた。

## 大玉ころがし

「みずが　うえに　あがってきて、すんでいた　いえが　みずのなかに　しずんでしまうと、そのいえのうえに　あたらしい　いえをつくります。

(『つみきのいえ』(5) 加藤久仁生・絵　平田研也・文(白泉社)より)

加藤久仁生・絵の『つみきのいえ』という作品は、人生を考える上で示唆に富んでいる。二〇〇九年の米国アカデミー賞で日本初の短編アニメ映画賞を受賞し、リメイクした絵本も出版されている。ひとりのおじいさんが不思議な家に住んでいる所から話は始まる。海面上昇によって家が水没しそうになる度に、それまでの家の上に新しい家を建て増しする。家はまるでいくつもの積み木を積んだように何層にもなっている。しかしおじいさんが常に住んでいる空間は海面上に見えている最上階のみだ。まるでその下にたくさんの階層が積まれているなどわすれたかのように、おじいさんは穏やかに暮らしている。

人の心もよく似ている。フロイトは「口唇期」から始まる精神・性的発達がエディプス・コンプレックスを乗り越えることで一つの完成に達し、その後は、潜伏期で欲動は抑圧されて背景化することを述べている[6]。これは「乳幼児の心」という一つの積み木が海面の下に水没し、新たな家である「児童の心」がその上に作られたようでもある。また、エリクソンのライフサイクル論などでも、各発達段階の発達課題をクリアしながら、階段を上るように心の成熟が図式化されている。八つの発達段階から構成されるこの図式はまるで八つの積み木をみるようである。こうした発達理論によって区切られるだけではなく、人はそれぞれに独自に人生の大きな転換点・ターニングポイントを持っているものである。今までの生き方を大きく変える可能性に出会う時である。結婚、就職、などのはっきりしたライフイベントがそのポイントとしての意味を持つ場合もある。またそれとは別に、人との出会いが新たな転機を与えることもある。新たな局面で、今までの生き方の上にもう一つ新しい積み木を積み上げる。しかし、こうした機会を誰しもがうまく利用できるわけではない。「もう今までの自分とはちがう」と勢いつけて新たな出発をしたつもりが、ハタと気がつくと、再び同じようなことを繰り返していることがある。人が変わることは容易ではない。人は、自分という大きな玉を、繰り返し同じように転がしながら人生の路を進んでいく。その玉の中には、その人の「対象関係」というシナリオがつめこまれている。そのシナリオにあらがうことは難しい。

佳子は、一人の個としての自分を殺すような子ども時代を生きてきた。そこに決別し、新たな彼女らしい生を開花させる、そのチャンスが彼女にもあったはずだった。彼女が自分の配偶者を選び、新たな家庭を築く時、そこに彼女の人生を大きく転換させる可能性が秘められていた。しかし、彼女の手からチャンスはこぼれおちた。彼女は新たな道を模索するというより、子ども時代を反復するような選択をした。後の面接で、佳子は自分の結婚についてこう語っている。

「しっかりしていて、よく働くと、舅《しゅうと》のおめがねにかなって、ぜひ我が家の嫁にと請われたのです。今まで私は、是非にと人から求められることなんてなかった。不思議な気持ちでした。そして、何かすごくうれしかったのを覚えています。それで私はその言葉にとびつきました。夫がどんな人かもよくわからないことに不安もよぎりましたが、その不安を脇に置いて、結婚に飛び込みました」

唯一無二、かけがえのない大切な存在として認められたい、愛されたい。これまでは、望んではいけないものだった。そんな思いを持ってはいけないと、幼い時から自分に言い聞かせて生きてきた。しかし、二十歳を過ぎた佳子は、無意識的ではあるが、自らの花を生き生きと咲かせたいという思いをひそかに持っていたのかもしれない。しかし、そんな思いで押した大玉は、今まで通りのトラックの曲線上を進んでいた。回転する大玉は、それまでたどってきた軌跡から別の道へと彼女が反れることを許さなかった。

「立派な家だと聞きました。そこに嫁いで家のために尽くすのはとても名誉なことだから、この縁談はこちらから頭を下げて受けなくてはならない、と言われました。嫁いだからには、向こうの父母に逆らってはいけない。嫁として、家のために身を粉にして仕えなさい。そういわれました。それから夫とはほとんど顔を合わせることもないまま、式の段取りが進みました」

結婚後、佳子は舅に仕えてよく働いた。叱られたら、もう二度と同じ過ちを犯さないように必死だった。舅の意向に沿うことに常々気を配り、頑張った。彼女の頭の中は舅の言動で占められていた。彼女にとって夫とは誰だったのだろう。そして、彼女は期待されるように一男一女の母となった。彼女に課せられた次なる使命は、この家の後継ぎを立派に育て上げる母親となることだった。大玉はさらに回転速度をあげた。強迫的に良き嫁、良き妻、良き母と称されることは何でもやった。果たして彼女の夫や子どもたちが彼女を良き妻、良き母とどこまで感じていたのだろうか？　それは疑問である。中でも長男を舅の望む大学に進学させること、これは重要な任務であった。この頃、彼女という花はいつのまにか本数を増やし花束になっていた。しかし、それは全て造花だった。水がなくとも生命の無い花が枯れることはない。花瓶の水はすでに涸れたまま放置されていた。そして、彼女の心の泉も尽きていた。

「ところが　あるひのこと、いえをつくっていた　おじいさんは　だいしっぱいをしてしまいました。あっ……！　だいくどうぐが…　そう　おもったときには、のこぎりや　かなづちは　したの　したの　したのいえまで、うみのなかを　おちていってしまいました」
（『つみきのいえ』加藤久仁生・絵　平田研也・文（白泉社）より）

思いがけない失敗、それが大きな人生の転機になる場合もある。それまでの人生の中で目をそむけてきたものをもう一度見つめ直さなければ何ともならないような局面に直面することがある。

佳子の長男は周囲の思惑とは別に、新たな出発を喜々として歩み始めた。けれども、佳子はそれを転落と感じていた。彼女は後の面接の中で、この大きな挫折を涙ながらにこう語った。

「御舅様に怒鳴られました。長男が国立を落ちたのは、お前のせいだ。この家の名誉を汚し、泥を塗った。おまえは嫁として失格だと言われました。私は大変な不始末をしてしまいました。もう生きている価値がないように思えました」

もう今までのように新しい家を建て増しすることができない。そのような危機的な状況下で、人は「症状」という切符を手にして、心理療法の入り口に立つことがある。そして思い切って自分の心の世界に飛び込む。

「そこで　おじいさんは　せんすいふくを　きました。ざっぱ〜ん　おじいさんは　みずのなかを　もぐっていきました」

（『つみきのいえ』加藤久仁生・絵　平田研也・文（白泉社）より）

つみきのいえに住むおじいさんは海の中を下へ下へと潜っていき、今まで忘れていた過去のさまざまな情景に出会っていく。亡くなったおばあさんとの生活、楽しい家族との時間、ペットとの別れ、子どもたちの出立、幼いころの日々。過ぎ去った人生をもう一度巻き戻してたどる作業がされる。

佳子も、私との心理面接の中で、それまでの人生を振り返りさまざまなエピソードを語っていった。それまで彼女が見ないようにしてきた感情を私は取り上げていった。彼女は薄い皮を一枚一枚脱ぎ棄てていき、その向こうに、彼女を踏みにじる人、傷つける人への怒りや不満が見え隠れするようになっていった。

## 二人三脚

昼と夜の長さが等しくなる秋分の日は、昼間はまだ夏の名残の暑さもあるが、朝夕は秋らしい風が吹くころである。そしてここを境に、季節は冬へとシフトを始める。中年期は実りの秋であるが、また気候の移ろいに巧く対応するのが難しい時期でもある。

「中年期危機」という言葉は、今や珍しいものではない。特に、ユングが、中年期を「人生の正午」と呼び、精神発達上の重要な時期であり、人生の大きな転換点としていることは周知のことである。一方フロイトは「この方法の遂行に必要な精神の柔軟さに欠如している」として、中年期の精神分析について逃げ腰の姿勢を示している。(7) とはいえ、現在、このフロイトの言葉を重く見て、精神分析的心理療法の対象から中年期を除外して考えている人はまずいないであろう。

中年期は実生活の中で多くの喪失体験をする時期である。子どもたちが思春期・青年期にさしかかり、親である自分から分離をしていく。また、親の世代が病気になり、親の死をみとる経験もする。また自分自身も若い頃のようにがむしゃらに頑張ることもできず、能力の限界を感じる。まさに喪失体験のオンパレードともいえる時期である。青年期を、幼児期の葛藤が再燃しやすい「第二の分離・個体化」(8) とするのを受けて、橋本は中年期を「第三の分離・個体化」の時期と言っている。(9) 決して落ち着いて安定している時期ではない。また、この中年期に起きてくる数々の喪失に対する抑うつ不安の克服なしに、本当の意味で人生は成熟したものになりえないだろう。クライン派の立場からもシーガルが「個人はその生涯を通して、妄想 - 分裂的な内的構造と抑

うつ的な内的構造の間を揺れている」と述べている。(10)

「かれこれ一年になるのに、なかなか良くならない」

面接開始後一年になろうとするある日の面接だった。そんな言葉を思わず口にした佳子は、一瞬「はっ！」と表情を変える。そして、一転してトーンが変わり、「よくならないのはわたしのせいです。本当にわたしが悪いのです」と何度も頭を下げた。私は驚いて「誰が悪いかということではなくて、もし面接に行き詰まりがあるならばそれを一緒に考えることが大切」と伝えた。心理療法はクライエントと治療者の二人三脚であり、どちらかが支配下に置かれるものではない。しかし、佳子の前には一瞬のうちに強固な壁が立ちはだかった。

「先生に不満なんて絶対ありません。せっかくお時間を設けていただいていながら、わたしが一向に良くならず本当に申し訳ありません。すべて先生にお任せします。おっしゃる通りに頑張ります」

彼女は、懇願するようなまなざしでその言葉を繰り返した。そして、終了時間がくると彼女は逃げるように小走りに部屋から退出していった。

私はその後の面接で、この時の彼女の気持ちを繰り返し取り上げた。彼女は「どのような話をするのが理想的なのか」、また「正しい面接ハウトゥ」を聞きたがった。万能的な支配者の下、その意に沿うようにけなげに頑張る自己。それは対象と自己がサドマゾ的に密着した一つの依存関係のパターンでもある。彼女の自虐的な有り様は煙幕であり、その背後で彼女は万能的な対象へしがみついていた。支配者の与えた苛酷な試練をきっと自分は頑張って乗り切れるに違いない。そして、かつて弟が享受したような満足や幸せをきっといつか手に入れることができる。そんな万能的な幼児的な自己愛が彼女の心の奥にあるように思われた。彼女がここに居続ける限り、彼女の対象関係のシナリオは人を換え、場所を換え、繰り返されていくことだろう。

面接開始後二年が経ち、以前より陰性感情に対して自由になれる佳子がいた。しかし、それに伴って、現実の生活の中で、今までのように全てを黙って受け入れることができなくなっていた。姑に自分の都合を主張する。舅の要請を言い返したり無視をしたりする。今までとは違う佳子。佳子自身がそんな自分を持て余していた。

「好きなようにするとすごく居心地が悪い。自分で何か言ってしまって唖然となってしまう。人の頼みに合わせて自分を犠牲にして頑張ることが、自分の存在の砦だった。自分が自分ではなくなったようだ」

徐々に佳子は、腹痛や下痢などの身体症状を出すようになった。

「わたしの今までの人生は何だったのかと思う。すべてが無駄だったのではないかと哀しくなる。カウンセリングなんかをはじめて、かえって辛いことだらけになった」

自分の人生を振り返りたどった挙句、結果として「わたしの人生は失敗だった」という洞察がもたらされるだけでは何もならない。児童や青年期のクライエントであれば、今までの心の姿勢を変えることで、新たな発達の道筋がスムーズに展開していくこともあるだろう。しかし、中年期の場合そう簡単にはいかない。もう人生をやり直すことはできない。秋は深まり、冬はそこまで来ている。過去を否定することは、人生全てを否定することに等しい。そんな切羽詰まった時期がこの中年期なのであろう。

長年、佳子は強固な防衛で自分を縛ってきた。それは決して居心地の良いものではなく、彼女を苦しめてきたものでもある。しかし、また一方でこの塀によって彼女は守られてきた。社会適応をして、周りの人々とも摩擦なく生活をしてきた。ただ、この塀を取り払うだけでは無防備で、津波がきたら現実生活という街はひとたまりもない。とりわけそれまでの人生で高い成功、実績を上げてきた人ほど、この防波堤の決壊は危機的なものであろう。

佳子は度々面接をキャンセルするようになった。彼女は私との面接の中で、「面接を求める気持ち」と「面接をやめたい気持ち」の両方を持っていることを語った。さらに、治療者に対して何もしてくれないことを怒った。治療者が用意してくれる方策に巧く乗って素晴らしい自分に生まれ変わる夢を見た。しかし、目が覚めれば、何も変わらないちっぽけな自分がいる。彼女はさらに、小さい時に両親の愛情を独占したい気持ちがあったことを多く語るようになっていった。そして、それが叶わなかったことへの辛さや哀しみを語り、涙を流した。

それまでの人生、過去にあった出来事を差し替えることはできない。それは紛れもない自分自身の歴史である。心ない養育者の言葉、さみしく哀しいエピソード、苛酷な環境。それを無かったことにはできない。しかし、心の痛みを抱えきれない時に、人は時々自分の歴史の一部を心の中から追い出して無かったことにしようとする。そのために、佳子には支配者と下僕のペアが登場するシナリオが必要だったのかもしれない。心の痛みの置き場所ができてくると、そのペア以外に登場人物にバリエーションができる。その後、彼女は、それまであまり話題にならなかった夫の話をよくするようになっていった。彼女の両親像も変化した。かつては「表情の無い理想的な夫婦の肖像画」であったが、彼らは表情を持ち、息をし始めた。「おじい様」以外の人々が彼女の視野に入ってきた。支配者ではない人たちとのつながりに彼女の実感が込められるようになった。彼女の心に小さな泉がわきあがってきたようだった。

今まで佳子以外にも、私はいろいろな中年期のケースにかかわってきた。佳子のようにひとつの挫折によって「このまま前には進めない」という事態が生じるような場合だけではなく、自らの心の泉が涸れていることに気がつき、それを何とかしたいという焦燥感から、やはり前には進めなくなるケースもある。成田[11]は中年期の心性をこう述べている。「青年期に選らんだ自分の職業やアイデンティティーが果たしてこれでよかったのかという疑問が生じる。別の可能性があったのではないか、そちらこそが本当の自分らしい生き方ではなかったのかと。時には悔恨が生じる。あるいは今まで現実適応のために抑えてきた興味や関心が再び頭をもたげ、その世界に没頭したくなることもある」という。突然の転職、離婚などの陰に、そんな中年期の焦燥感が絡んでいることもある。こうした迷いや悔恨から症状を呈して受診されて心理療法を受けることになった人々もいる。また、つきあげる思いに駆られての行動化の末、楽園と思った先に希望が見いだせず結果的にそれまで自分が築いたものも失うことになり、うつ状態に陥るような人もいる。後期印象派の画家ゴーギャンがフランスから南国タヒチに移り住んだ時の心情も一つの例といえるだろう。中年期に生きる人それぞれが、来るべき冬に向けて立ち止まる時がある。何かを終わりにして、何かを内側に見いだし備える。その作業に心理療法が役に立つ時がある。

「おじいさんの　あたらしい　いえが　できました。かべの　われめに　たんぽぽが　ひとつ　さいていました。おじいさんは　それを　みて　うれしそうに　わらいました」
（『つみきのいえ』加藤久仁生・絵　平田研也・文（白泉社）より）

つみきのいえのおじいさんは、今まで通りまた海上に新しい家を建てた。それは一見今までと同じようだが、実は同じではない。おじいさんがたどりついた一番下の階は、海ではなく幼い日々を過ごした草花の咲く野であった。そこでのこぼれ種は、すでに喪失した体験の集約であろう。その喪失の一つ一つが、おじいさんの人生とつみきのいえを支えてもいた。その種は、新しい家の壁の割れ目で花開いた。

佳子の面接が開始されて、三年ほどが経過していた。佳子の生活は傍目から見ればとりたてて大きく変わっていなかった。夫と離婚をしたわけでもない。家を出たわけでもない。相変わらず舅は小言が多く、姑は厄介事を押し付けもした。今まで通りの佳子の生活である。しかし、彼女の眼に映る彼女の生活は少しばかり違ったものになっていた。そこにはもう苛酷な暴君と下僕の姿はなかった。少し頼りない夫と、どこか柔軟性に欠ける佳子は、不器用な二人三脚の日々を過ごしていた。

ある初秋の日だった。彼女は、生まれて初めて夫と連れだって野球観戦に出かけたことを面接の中で語った。

「野球なんて初めてでよくわからなかったです。夫も要領が悪くて説明が下手で……。でも案外こうして出かけるのも悪くないと思いました。それにしても、夫が中日ファンということを初めて知りました」

佳子はそう話すと、嬉しそうに笑った。

# 第九章　霜《そう》降《こう》——ある初老期夫婦の心理的共謀

生命は

　　　　吉野　弘

生命は
自分自身だけでは完結できないように
つくられているらしい
（略）
生命は
その中に欠如を抱き
それを他者から満たしてもらうのだ
世界は多分　他者の総和

しかし
互いに　欠如を満たすなどとは
知りもせず
知らされもせず
ばらまかれている者同士
無関心でいられる間柄
ときに
うとましく思うことさえも許されている間柄
（略）

吉野弘『二人が睦まじくいるためには』[1]より

## 鴛鴦《おしどり》夫婦

「見て！　このお菓子。かわいいわ。鴛鴦の形にデザインされているわ。夫婦仲の良さの象徴というわけね。披露宴の最後の時に皆さんに手渡すお菓子はこれがいいわ」

夏美はカフェの小さなテーブルの上にたくさんのパンフレットを所狭しと広げ見入っていた。僕はカフェの外をぼんやり見ていた。街路樹の銀杏が黄色に色づき、落ち葉が風に舞っていた。僕は、結婚式の打ち合わせだけで何だか疲れてしまっていた。ウェディングプランナーと称した女の、やたら甲高い笑いにすっかり神経が逆なでされてエネルギーを消耗した気持ちになっていた。

「このお菓子はドラジェ。中に入っているアーモンドは実をたくさんつけるから子孫繁栄を意味するって書いてある。ああ、でも途中お色直しの再入場の時に配るっていうのもいいかもね。映画のゴッドファーザーにそんなシーンがあるわね。うん、それもいいわね。どう春樹さん？」

「ああ」

夏美はパンフレットから顔をあげて、あいまいな返事をする僕を睨みつけた。

「どういうつもりなの。結婚する気が有るの？　無いの？　私たちの晴れ舞台だというのに、さっきから、全然気合が入っていないじゃない！」

彼女のヒステリックな大きな声に、カフェの客の何人かが僕たちの方をちらっと見た。

「大きな声を出すなよ。他のお客がびっくりして君を見てるぞ」

「そんなことどうでもいいわ。一体どういうことなの、さっきから結婚式のことなんかどうでもいいような上の空状態よ」

「別にどうでもいいなんて思っちゃいないさ。こっちにだっていろいろ考えなきゃいけないことがあるんだ」

結婚式にどんな菓子を出そうがどんな順序でどんな曲を流そうが、そんなことはどうでもいい。結婚式なんて別に無ければ無いでそれでいい。紙切れ一枚、役所に提出すれば結婚は成立するわけだ。僕は内心そう思っていた。ただ、それを強く打ち出せるほどの確固たる主義主張も持ってはいなかった。ひとまず、結婚式に夢を持っている人に合わせておくのがよかろうと行動しているだけだった。そんな風に主体性を持たずに合わせていればおおむね事は順調に進んでいく。そして夏美もまた、いろいろ意見を並べたてない僕をパートナーとしておおむね自分の思う通りに事を進めていくのを望んでいる。そんな風に僕らは、つりあっていた。しかし、そんなことがあらわになったら元も子もないという気もした僕は、苦し紛れに「いろいろ考えなきゃいけない」などと口走ってしまった。

「いろいろ考える事って何よ」

夏美の目がさらに強い輝きを見せた時、僕は先ほど発した自分の言葉を撤収したい気持ちになっていたが、すでに遅かった。夏美は自分が納得いかないことや、相手が知っていることを自分が知らないという状況になると、それを明らかにすることに俄然意欲を燃やすタイプだった。

「母さんがさ、結婚式に出席できないかもしれない」

こんな話を今日言いだすつもりは端《はな》からなかった。こんなことを言ったら、きっと夏美は母さんを説得するために乗り出すに違いない。それだけならまだましだ。さらに、母さんの状況を聞いたら、夏美は母さんを鍛える筋トレメニューでも作ってトレーニングコーチを名乗り出かねない。そんなことを思いめぐらしながら、僕は顔をひきつらせていた。そして、そんな事態を回避するために、できるだけ夏美のファイティング・スピリッツに火をつけないように無難な情報だけを取り出して今の母親の状況を説明した。ストレスのため外出が不自由になっていること、近隣の精神科のクリニックで現在治療中であり、心理カウンセリングも受けていることを話した。

「向こうの先生からは、あまりいろいろ刺激をしないようにと言われているから、しばらくそっとしておいてくれ」

母親からの電話で話されていた話の一部を何となく覚えていた。僕は、咄嗟《とっさ》に予防線のように付け加えた。きっと、これで夏美もすぐには動き出さないだろう。

※

世の中にはいろいろな夫婦がいる。いろいろな夫婦がいろいろな形で結婚生活をスタートさせる。そして、臨床場面にもいろいろな夫婦が訪れる。うつ状態で会社に出勤することができなくなった患者とその妻。度々不安発作を起こす患者とその夫。認知症になった老人とその息子夫婦。発達の問題を抱える子どもの両親。問題を抱える人の家族として、患者の隣でまたは背後で夫婦という人間関係の影が見え隠れする。さらには、心理面接では、単に協力者として登場してもらう場合だけではなく、夫婦関係そのものにスポットライトを当てることもある。

夫婦の関係性というのは、個人のパーソナリティと同じように、またはそれ以上に複雑なものだ。一見して仲の良い理想的な夫婦のように見えても、互いの心理的な距離は遠く隙間風が吹いている間柄もある。理想の夫婦ナンバーワンと称され多くのコマーシャルで仲睦まじい姿を売っている芸能人カップルが、蓋を開けてみれば醜く憎しみ合っており、ある時ゴシップ記事を週刊誌が書き立ててそれが暴露されることもある。一方、どうしてあの二人が夫婦をやっていられるのか分からない、いつ離婚してもおかしくないと周囲から見られていても、意外と人知れず鍵と鍵穴のように結びついている夫婦もいる。

これは人間だけではなく、動物にもあてはまる。「鴛鴦」は仲のよい夫婦の象徴としてウェディンググッズのモチーフとして利用されることもあり、よく「オシドリ夫婦」と仲の良い夫婦を称することもある。しかし、このオシドリ、実際はあまり仲の良いつがいではないようだ。冬の一時期のみ非常に近い距離にいるので、人間は「仲がよさそう」と勘違いをする。しかし実際は、オスは卵をメスに産ませた後さっさとどこかに行ってしまい、メスは単独で子育てに取り組む。そして翌年には互いに別の相手を見つけて夫婦となる。またある研究によると、オシドリのメスの中にはつがいとなっている相手がいながら、他のオスと交尾をして卵を産んでしまうものもいるらしい。夫婦仲がよいどころが、不倫や不貞の代表格ともいえるカップルなのだ。仮面夫婦の代名詞といってもよいだろう。そのイメージは、人間の勝手な投影の産物ともいえる。一方、夫婦の結びつきの強さと言ったら右に出るものは他にいないという鳥は、実はカラスなのだそうだ。動物行動学でノーベル賞を取ったローレンツは著書『ソロモンの指環』[2]の中で動物の生態を生き生きと描いている。その中で、コルクマガラスを、非常に発達した社会生活を営む鳥として取り上げている。生殖可能になる前につがいができ、その後一生忠実な夫婦の関係が続く。その長さと絆の強さは人間以上と述べられている。動物でも人間でも、見た目や触れこみというのが当てにならないのが夫婦関係なのかもしれない。

精神分析的な考え方で個人の問題の解決に取り組む場合、個人の内界を顕微鏡で覗くかのごとく探索するものである。しかし一方で、実際の臨床場面では個のみならず同時にそのクライエントを取り巻く夫婦関係や家族関係にも目配りをしながら進めていく必要がある。しかも、表面的な関係だけでなく、その夫婦の無意識的な結びつきも視野に入れておかなければ片手落ちである。とはいうものの、これは面接の初期の段階では、なかなかとらえにくいものでもある。

## 二人一組

「先生は何も分かってない」

冬治は傲然《ごうぜん》とした様子で組んでいた腕を解き、テーブルの上に拳を置いた。六十年以上の人生の中で刻まれたのであろう額の深い皺が三本、さらに力が込められて動いた。

「秋子は自分一人ではろくな仕事ができやしない。子どもがそのまま年をとったようなヤツなんですよ。もちろん先生にまともな説明もできないでしょう。私が一緒にカウンセリングを受けて、先生に頂いたアドバイスを確実に実行に移す。そうじゃなきゃ効果は上がらないでしょうな」

なかなか手ごわい壁が立ちはだかったようだ。私はそう感じながら、目の前に座る初老の一組の夫婦それぞれの顔を見た。しかめっ面をして身を乗り出す夫、冬治の低く迫力のある声。自分からはほとんど話さず、すべてお任せモードの妻、秋子は時折にっこり笑って首を傾げその都度顔にかかる白髪を耳に掛けた。

クリニックの診察券やカルテの表紙には、秋子の名前が書かれてあった。つまり患者は秋子であった。彼女は夫とともに、精神科クリニックを受診して、精神科医から勧められた心理面接を開始するかどうかを検討中だった。問題となっている秋子の訴えは、「一人で外出をしようとすると心臓がドキドキと高鳴って怖くなり一人で行動できないので困っている」というものだった。特に、人のたくさん集まる所へ出かけていく事への恐怖心が強く、彼女は家の中に閉じこもりがちの生活をしていた。こうした訴えを始めとして、症状の発生からの経過や、彼女自身の生い立ちや現在の家庭の状況などを聞き、彼女とその問題を把握する。そのために、私は三回の面接を持った。その間いつも彼らは二人だった。初診の時から、その後の面接でも、何の疑いもなく当然のように彼らは必ず二人揃って面接室に入室していた。しかし、主役は秋子である。少なくともこの時点で私はそう思っていた。多くの場合、初回もしくは二回目の面接までに、主役である患者と私、二人で対峙する時間を持つ。共通の同盟者として心理療法という同じ船に乗るかどうかを吟味する話し合いをする。今回はいつもと少し勝手が違っていた。彼女の夫の強い希望で、治療者と患者が差しで会う機会が延期されていた。「わたしが説明しなければ駄目なんです」と夫はそう繰り返しながら、私と秋子の一対一の面接の必要性を否定した。私は、彼女の問題はつまるところは彼女自身の心の問題であり、彼女が一人で取り組まなければならないことであると伝えた。家族の協力は貴重なもので助けにはなるが、家族が彼女の代わりに問題を克服するのではないことを説明した。大概の家族はとりあえずこの辺りでひとまず引き上げる。不承不承ながらも患者を一人置いて面接室から退出する。もちろんそこまで同席にこだわる背後にはさまざまな家族の思いがあり、そこに家族と患者の関係性が横たわっている。それを掬い上げ、患者をサポートする環境として、家族と治療者との関係を築く必要はある。したがって患者の面接と並行して、適宜キーパーソンといえる家族メンバーとの面接も設定することが多い。しかし、冬治は「秋子が一人になること」を簡単には承知せずこう言った。

「彼女は病気なんですよ。だから何もできない。私がやらなきゃ治らない」

「彼女は病気なんです、その通り。だから彼女自身が治していくんです」

私はそう言い返しながら、自分の手足が綱で拘束されているような窮屈さを感じていた。夫はさらに、結婚式に自分の母親が出席しないのでは、あまりにも息子がかわいそうだから、何としても早急に秋子の状態を改善させるのだと息巻いていた。この老夫婦の長男が、約一年後の十月下旬に結婚式を予定していた。予定されている結婚式および披露宴に出席することが難しいと秋子が言いだしたことが受診のきっかけだった。夫の冬治はその日を目標にして治癒に向かって邁進する意欲を燃やしていた。

しかし、意外にも次の予約日に現れたのは秋子一人であった。夫は仕事の都合がどうしてもつかず来院できなかったという。入室すると秋子はおどおどとした調子でメモを取り出した。今日話したことを細かく夫に報告しなければならないという。彼女から主体的に話し出すことも少なく、さらには夫に面接内容を何と報告すればよいかをしきりに気にしていた。

「先生の今話されたこと、こんな風に書きましたけれど、間違ってないですか？　夫に正確に伝えないと怒られちゃうから。がみがみ言われて、本当に嫌になっちゃう」

秋子は、私と彼女の会話を書きとめたメモをくりかえし私に見せて確認をした。私の前に座っているのは秋子一人であった。しかし同時に彼女は「二人」でもあった。そこには目に見えない夫の存在が付随していた。彼女「一人」との面接終了後、私は考え直していた。まずは「二人は一つ」と考えて対応した方がよいのだろうかと。この夫婦は意識的には、互いにその存在を疎《うと》ましく感じているようだった。他方で、互いになくてはならない存在のようだった。

臨床心理学の中には、夫婦や家族を一つの単位として見る考え方がたくさんある。家族を一つのシステム、組織としてとらえて、家族のメンバーの誰か一人が精神的な問題を持つ場合にも、家族や夫婦という集団を一つの患者として捉えていこうというものだ。家族療法の考え方はここからスタートしている。

またそれ以外、個人の内界に焦点をあてる考え方をさらに広げ、複数の人間の関係の理解に示唆を与える知見が多くある。ビオンは一人の個人の内的な世界をいくつかの自己と対象の集合体として捉えていたが、ついに複数の人の集まりである集団を一つのパーソナリティと見る視点も持っていた[3][4]。人は心の中に幾人もの人々を抱えている。私はどんな人間なのだろうと思い巡らしたとしよう。いろいろな自分を思い浮かべることができるだろう。依存的な自分。受身的な自分。決断力がない自分。例えば、こんな風に思い浮かべる人がいたとしよう。この人は何人もの自己、つまり「人」を持っているのだ。さらに、それは同時に、そうした自己像と対になる人のイメージも同時に持っていることにもなる。依存を受け入れてくれる相手。主体的な相手。すぐに自分で決めてしまう相手。このようなペア相手のイメージを精神分析では「対象」と呼んでいる。そして、対象はいろんな場面で、自分以外の誰かに向けられる。というよりは、その自分の持っている「対象」に当てはまるような人を自分にとっての大切な人として選ぶのだ。それは親友だったり、配偶者であったりすることが多い。

そんな考えからみればこんな風にいえるのかもしれない。夫の冬治は、秋子ではない。けれども、彼は、「対象」という、秋子の一部でもあるのだろう。

## 夜目遠目《やめとおめ》

「こんな人だとは思わなかった」

こんな言葉を心の中で呟く。もしくは配偶者に投げつける。これは多くの既婚経験者が体験していることではないだろうか。たとえそれが、熱烈な恋愛結婚であろうと、見合いをして淡々と結婚を決めた場合であろうとあまり変わらないようだ。結婚というのはある種の誤解から成立し、またほどなくその誤解が発覚し幻滅を体験することは多かれ少なかれ不可避なものであろう。「きっとこの人となら素晴らしい結婚生活を送ることができるのだろう」とバラ色の輝きの中に期待をして結婚相手を選ぶ人もいるだろう。しかし、「夜目遠目笠の内」という言葉があるが、夜の暗い所や遠くから見ると相手のことがはっきり見えないので、欠点がわからずに実際よりその人が美しく見えてしまう事をいう。たとえ長い付き合いのあったカップルでも、相手の事をとことん見抜いて理解し尽くしていることなどあり得ない。相手の背負ったそれまでの人生の歴史のほんの一端を見ているだけだ。何となくはっきり見えない暗闇の中で人生のパートナーを選んでいるという危なっかしいことを実はやっているのかもしれない。

こんなことを言っていると結婚相手を選ぶなんていうのはそんないい加減なものなのか、まるで目をつむってくじを引くようなものなのだと感じる人もいるかもしれない。しかし、人間はそこまで愚かではない。実は心の無意識はしっかり暗闇の中であっても、無意識というもう一つの目でしっかりと自分のパートナーを選んでいたりするものだ。意外と知らず知らずのうちに、自分の中のもう一人の自分を探しだし、自分と対になる対象を捉まえていたりするのだ。ただ、そうしたことは意識的にはなかなか理解できない。相手がいかに自分にとって切っても切り離せない「自己の部分」であるかと実感を持って認めることは難しい。もしかしたら、それに気がつかないまま終わる夫婦もたくさんいるだろう。自分の最も受け入れがたい一部を担っている相手を、「この世の最大の敵」と目して、日々夫婦喧嘩のバトルを繰り広げ、「一番理解しがたい奴」とののしり合っている夫婦もいるかもしれない。残念ながら時にはそれが離婚という結果にたどり着く場合もある。別れてしまえば話は簡単なのではない。「理解できない最大の敵」は裏を返せば己の中に眠っているもう一人の自分である。

そのことに気がつく機会を逸したことになるのだろう。

さて、秋子と冬治の夫婦にはどのように結びついたのだろうか。

秋子は双子の姉妹の姉として生まれた。最近ではお揃いの服を着た双子を可愛いという人も多く、また双子を売りにして芸能界で活躍しているペアもいる。しかし、古くは古今東西問わず双子の出生は縁起の悪い物、不吉なものと嫌われていたようだ。日本でも昔は「畜生腹《ちくしょうばら》」と称され嫌われ、別々に養育することもあったようだ。秋子の両親もその例にもれず、双子の誕生に頭を悩ませた。そして、遠縁へと妹を養子に出した。手広く商売をやっていた父母はその後は子どもに恵まれなかった。ひとり娘の秋子は、店の後継ぎとして大切にされた。それは両親だけでなく、店の従業員たちも蝶よ花よと秋子をちやほやした。年齢相応の他の子どもが自分でやるような簡単な身の回りのこともいつも誰かの手を借りてやっていた。何もしないで黙って待っていれば全ては滞りなく済んでいった。自分で何かを判断し、選択することが難しく、未熟なまま、秋子の自立性が促進されることはなかった。秋子は中学生になっても、自分一人で決められないことがたくさんあった。どの服を今日は着ようか、レストランで何を注文しようか。いつも共に行動している保護者にその選択を任せていた。そんな秋子が中学二年生の頃だった。養子に出された妹が家に戻ってきた。養子に出されたとはいえ、彼女たちが双子の姉妹であることは秘め事ではなかった。妹は養子先の家からよく秋子の家に遊びに来ていた。養子に出したとはいえ、両親はわが子への愛情も感じていたので、妹が家に遊びに来た時には御馳走をこしらえたり、秋子どもども玩具を買い与えていた。しかし、養子先の家業が傾き経済的にきびしい状況になり、妹への実質的な援助を実父母である両親がひき受けることになった。そして姉妹は共に生活するようになった。妹は秋子とはまるで正反対の性格だった。秋子は、頼りになる妹と行動を共にするとホッとした。彼女は妹を好きだった。一方で、のびのびと自分の意見を主張し活発な妹を秋子はうらやましくも思っていた。そして妹と比べると自分はずいぶん無能な人間のように思えてしまうこともあった。たしかに自分は跡継ぎ娘で、決して軽んじられているわけではない。そう思いつつも彼女は、いつも歯切れよく自己主張し行動的な妹に両親の愛情を取られているような気になることもあった。

秋子は高卒後、短大に入学したが、通学に時間がかかるという理由で次第に足が遠のき退学をしている。その後、将来自分が跡を継ぐことになっていた店でアルバイトをすることになるが、ほとんど仕事らしいこともできず、従業員の三時のおやつ時に共にお菓子を頬張ることを楽しみにして生活をしていた。両親は、跡を継いで店を切り盛りしていく才覚が秋子にあるとは思えず、早くしっかりしたお婿さんを探して結婚させようと躍起になった。彼らは、四方八方手を尽くして、婿養子になってくれそうな男性を見つけてきては、秋子に見合いをさせた。秋子は二十歳になる前からたくさんの見合いをさせられたが、なかなか話がまとまらなかった。

そして、秋子が二十四歳になる年に、八つ年上の冬治と見合いをしている。冬治は六人兄弟の末っ子である。家庭は裕福ではなく、両親が六人の男の子を育てるにはかなり経済的に厳しく、ことあれば「この子は予定外に生まれてしまった子どもなので、どこかもらってくれる先がないだろうか」と親類縁者に持ちかけていた。適当な先が見つからないまま結局、義務教育終了後は酒屋で住込みの小僧として働くことが決まっていた。しかし、学校の成績もよくまじめな冬治を不憫に思った伯父夫婦が、冬治の高校進学費用への援助を申し出てくれた。就職後負担してもらった学費を返済するという約束で、彼は高校へ進み、卒業後は自力でいくつかのアルバイトを掛け持ちしながら、大学を卒業して小さな会社に就職している。そして、婿養子を条件とした秋子との見合い話が持ち込まれた。婿養子となり、店の跡を継げば現在の小さな会社で勤めあげるよりも豊かな生活が保障される。そう言って、伯父夫婦は「またとない話」を彼に勧めた。彼に婿養子を拒む理由は何もなかった。そして二人は見合いをした。見合い後すぐに話は決まり、短い期間で結納が取り交わされた。ところが、ここからが意外な方向に話が進んだ。冬治は突然「やはり、婿養子は断りたい」と言いだした。養子にならない形で秋子と結婚したいという意向を示した。前提となる条件を覆した冬治に秋子の両親は激怒した。当然、話は破談になるはずだった。しかし、秋子は破談に承知しなかった。「わたしは冬治さんと結婚する。そのためなら家を出てもいい」と言った。今まで親の意見に背くことなどなく、何も自分では決められない秋子の初めての反抗であり、自己主張であった。見合い後数回しか会っていない冬治に強い恋愛感情を抱いていたとも思えない様子であったが、彼女は断固として結婚をすると言い続けた。初めは彼女のほんの気まぐれと思い、すぐに親の言うとおりに結婚は取りやめると思っていた両親であったが、思いのほか秋子が強く譲らないことに驚いた。そしてそのうち両親の気持は変わっていった。そこまで彼女がいうのであれば、秋子の気持ちを尊重してやろう。店の将来よりも娘の一生の方が大切だ。両親はそんな風に話し合い、大きな決断をした。こうして、彼らは予定通り夫婦となった。そして、秋子は予定外に家を出た。

「どうしてあの時あんな風にいったのでしょうか？　どうして、この人と結婚したいと思ったのでしょうか？」後の面接で秋子は結婚当初のことを振り返って不思議がった。あまりよく知らない男性であったし、特別恋焦がれるという気持ちがあったわけではないのに、どうしても今結婚しなければならないという気持ちになったという。

「しいて言えば、夫は強引な所があって自分一人ではとても進めない道も引っ張ってくれそうな気がしたのかもしれない。でも今となってはその強引さに苦しめられている。私にできないことも頑張れって発破をかけられて嫌でたまらない」

他方、冬治も今はとんでもないお荷物を抱え込んだ気になっているようだが、結婚時のことをこう振り返っている。

「秋子は、誰かが何かを決めてやらないと困ってしまう人で、オレが居なければどうにもならないとも感じました。それでなぜか結婚してしまったのですよね」

誰かに頼って保護をしてもらわないと心細くていられない秋子と誰かに頼られ責任を一手に引き受けていないと自分の存在価値が揺らいでしまう冬治。実は、両者は互いの依存対象になっていた。知らず知らずにそんな相手を選んでいた。そして、外見はずいぶん変わって初老の夫婦となったものの、冬治と秋子を結ぶ本質的なものは変わってはいなかった。今に及んで依存をめぐる自分たちを結ぶ糸に絡まっていた。それゆえに今は意識的には互いにうんざりしていた。

ユルク・ビィリィは、夫婦関係の治療に携わっているチューリッヒの心理療法家であるが、その著書『夫婦関係の精神分析』(5)の中で、結婚や夫婦関係の葛藤について、「共謀」という概念を使って理解している。彼によれば、夫婦の間に起こる喧嘩や事件、イライラなどを突き詰めていくとそこには共通した「基調的メロディー」が流れているという。そこに表された基本的テーマが両者の間に共通した無意識を形成し、それをもとに夫婦は絶妙な共演者としてその無意識のストーリーを演じるのだという。その共演を彼は、「共謀」と名付けた。その共演はすでに相手を結婚相手として選択した時から始まっているという。

結婚を決めた時に、すでに夫婦間の葛藤は二人の間に内包しているともいえる。ビィリィの著書の一部を抜粋する。

相手を選んだ時の動機と現在の葛藤との関連性を考えさせると、夫婦は何らかの形で、「ああそうか」体験をすることが多い。相手を選んだ時にすでにどの程度現在の葛藤の芽を内包していたのかを意識していないことが多いし、また相手がなぜ自分を愛しているのかという動機をあまり認識していないことも多い。相手のことを考え違いしていたとか、相手に騙されたと思い込んでいることが多いが、たいていの場合、夫婦は自分たちが思っている以上に深く結び付いているのである。

結婚を後押しした要因として、婚期を逃がしてしまい友人の結婚に刺激されてとか、失恋の痛手を癒したかったからなどを挙げる人もいる。しかし、ビィリィによれば、そのような外的な要因は決定的な理由ではなく表面的なものだという。実は両者の無意識が自分と対になる何かを結婚相手に見いだし、互いに結び付いているのだ。

## 破鍋綴蓋《われなべとじぶた》

面接は夫婦同席の形をとって進行していった。秋子の「一人で外出しようとすると体調が悪くなる」という訴えは、彼女が一人ぼっちにならないように誰かをひきとめておくには都合がいい症状であった。もちろん秋子がわざと苦しい振りをしたり、芝居をしているわけではない。彼女自身本当に苦痛であるし辛いのだ。心の奥底にある無意識が、症状という苦痛と引き換えにしても実現させたいことがある場合に、人はその人自身も気がつかないまま、辛い症状を自分で惹き起こしている場合がある。それを、「疾病利得」という。秋子たちは、この疾病利得をめぐって日々すったもんだしていた。二人は、面接に共にやってきてはこの疾病利得をめぐっての現実的な葛藤を話した。疾病によって利を得るのは、秋子だけではなかった。あれやこれやと煩わされながら、冬治の話は「やはりオレが居ないとおまえは何もできないじゃないか」という言葉で締めくくられた。腹を立てて語りながらも冬治はどこかでそこに満足をしているようだった。これは「依存」というテーマの「共謀」のドラマであり、二人はその共演者であった。つまり、二人は破鍋《われなべ》に綴蓋《とじぶた》という関係のようだった。しかし彼らがそれぞれの役割に徹して共謀の世界に停滞していると、困った問題を生んでしまうこともある。秋子が何もできない依存的な人になり続け、疾病利得にしがみついていれば、彼女は息子の結婚式に出席できないことになってしまう。

次男が昨年海外赴任をして日本を離れ、長男春樹の結婚話が持ち上がったころから、秋子の症状は悪化した。子どもたちの分離独立が彼女の見捨てられ感を刺激していた。また同時期に、冬治も六〇歳の定年を迎え、同じ職場に引き続き勤務をしてはいたが、会社の中での役割や位置づけはずいぶん変わってしまった。役職は無くなり、彼は、それまでのように会社にとって居てもらわなければ困る人ではなく、居てもらっても構わない人になっていた。今まで会社に奉公する形で会社に依存をしていた面もあり、今や彼の足もともぐらついていた。こうした出来事がこの夫婦をより防衛的な共謀のカプセルへと追い込みその関係を硬直化させたように思える。このように初老期は夫婦それぞれに家庭でも仕事でもさまざまな役割変化や新しい体制への再編成が求められる。当然子どもたちや仕事のことが背景に退くために、夫婦関係がクローズアップされやすい。それに伴って、脇に置いておいた夫婦の葛藤が表面に現れて夫婦関係が険悪になる場合もあるし、秋子たちのように防衛的な共謀の世界にしがみつき問題が生じる場合もある。

立冬のひとつ前、秋も終わりの節気、霜降の頃は、人生の上でも秋の実りの収穫を終え一つの締めくくりの時である。李白が、その詩句「秋浦の歌」[6]の中で晩秋に降った霜を白髪に例えているが、初老期の入り口は、まさに霜降のような白髪頭を寄せ合い夫婦二人でどのような関係を維持さらに発展させるのかが問題になってくる時期のようにも思われる。冬の野にはもう花は咲かない。しかし、古の人が「みし秋の千種はのこる色なくて霜の花さく野辺の朝風」[7]と詠んだように、この時期には、小さな草に霜が降りて白く輝き、それはまるで凛とした花のような姿を見せる。人生の終盤であれ、咲かせる花はある。

そして秋子冬治の夫婦も老いに向かって、どのような運命共同体を作っていくのかが迫られていた。その後、面接の中で今まで二人がたどってきた結婚生活を振り返り語り、それぞれの生い立ちなどにも話題が及んだ。

秋子は長男の結婚に重ね合わせるように自分の結婚当初のことをよく思い出して語った。秋子に限らず、子どもの結婚は自分の結婚当初のことを思い出す契機になったり、当時の自分を彷彿させる刺激になる。結婚したら自分も人が変わったように活発で有能な人に変身できるかと、秋子はひそかに期待をしていた。が、結局そうは簡単に変身できるわけではなく、新婚生活に幻滅を感じるまでに時間はあまりかからなかった。さらに、彼女にとってショックなことは、妹の結婚であった。保育士として園では人気者の先生をやっていた妹があっさり保育士の職を捨てた。そして実家の従業員の一人と結婚し実家の店の跡を継ぐことになった。秋子は両親から見捨てられたような、帰る家を失ったような気持ちになった。そのせいか、そのころから細かいことでも冬治の指示を待ち行動することが増えたようだった。

彼女が振り返って語る中で、彼女が本当はどうしたかったのか、どんな意思を持っていたのかを私は丁寧に取り上げた。秋子の考えの多くは、隣の席で厭《あ》きれ顔でいる冬治に一笑に付され、否定もされた。しかし、私は彼女が自分で考えたことをできるだけ評価して伝えた。

「ご主人のいわれることは正論だけど、考えようによっては秋子さんの意見も一つの選択肢ですよね」

私は、冬治を否定せず、それでいて秋子の意見のプラスの意味合いを取り上げるようにしていった。秋子はおどおどして冬治の方を振り返ることが無くなっていった。少しずつ元気になっていき、体調不良を訴えて外出不能になることも減っていった。そのうち、冬治は自分の生い立ちを振り返り、自分が居ても居なくてもよい存在で、いつも頑張って滅私奉公することでかろうじてささやかない場所を与えられてきたことをポツリポツリと語りだしていた。こうした面接を重ねていくうちに、しだいに冬治の元気がだんだん無くなっていくようだった。

面接が開始されて半年ほど経ったある日、二人は心理面接の予約の時間を一〇分ほど遅れて面接室へやってきた。

「先生、遅くなりまして。夫の方が、調子が悪くなって診察の方へ先にまわっていました」

秋子はいつもより張りのある明るい声で軽くおじぎをした。そして秋子の後ろで、冬治は土気色の顔をして立っていた。入室するとすぐに秋子は五日前の出来事を話し出した。長男の春樹とその結婚相手である夏美がそろって自宅に訪れて、結婚式の内容についての相談が始まったという。すると次第に四人の間で口論が起きた。特に夏美と冬治は互いに自分の思い通りに仕切りたい所があって、両者の間で激しくぶつかり合いがあった。そこからの火種がさらに引火したように気がつくと四人が喧嘩をしていた。そして、春樹たちが帰った後、冬治は脱力した感じになって食事もとらずに寝てしまった。翌日になっても冬治は会社に出勤する気がしないという。その後、彼は数日欠勤して自宅で過ごしており、あまり食事もとれていないという。困っていると言いながら、こう話している秋子の口調は今までになく生き生きとしていた。冬治は腕を組んでソファの背にもたれて眼をつむって秋子の話を聞いていた。私は、面接の形態を変える時機がそろそろ来ているのように感じていた。

一組の人間関係の中で、互いに相補い役割分担が成立するのは通常よくあることで、それ自体が悪いことではない。むしろそうすることでその人間関係の活動範囲が広がり豊かになることも多い。それは当然夫婦関係にも当てはまることである。鍋に蓋があって初めてうまく調理が可能になるわけだ。しかしその人間関係が現実適応を難しくさせる事態を引き起こすとすると、これは問題になってくる。

ビィリィはその著書の中でこうも述べている。[5]

「ある役割を引き受けたり、退いたりするのが、二人の間で自由に行われているのではなく、不合理な動機によって強制されているのであり、その動機の根源は、早期幼児期の外傷状況や葛藤による」

秋子も冬治も双方に未解決の心理的課題があった。それゆえに起きる不安を処理する手段として、夫婦の「共謀」関係に互いを縛りつけていた。このままでは二人の生活に発展はなくさまざまな不適応が生じてくる。「共謀」へとしばりつける鎖が緩んだ所で、それぞれが自分の背負うべきものを自分で引き受ける必要があるのだろう。そうすれば、もう少し柔軟な相補関係を築くことができるだろう。

それから二回ほど面接をした後、秋子から夫婦面接を終了したいという申し出があった。

冬治は、服薬によって少し調子を戻したが、元気の無さは続いていた。私は、冬治に彼自身のための個別の心理面接の必要性を伝えた。彼の中に潜む自信の無さや居場所の感覚の持てなさは、彼のその生い立ちから大きく影響を受けている。私は、心理面接を通して彼がそこに直面する作業に取り組むことを勧めた。彼もまたそれを希望した。また、秋子もそれを勧めた。そして、冬治の希望もあり、別の男性治療者による心理面接が開始されることになった。さて、秋子は、というと、どうだろう。彼女はまだ症状を克服したわけではない。彼女もまた、根っこが幼少期にある依存をめぐる問題、親からの心理的独立の課題が残っていた。夫婦同席面接の経過の中で少し元気が出てきて改善された所もあるが、まだまだ安心できる段階ではない。今後も大きな揺れを起こす可能性はある。しかし、彼女は夫婦同席面接も、彼女自身の個別の面接も希望しなかった。彼女は「一人でやってみたい」と希望した。私はこの時点で、彼女の「一人でやってみたい」という言葉を大切にしたいと思った。自分の頭で考え、誰かに代理を頼むのではなく、自分で判断して進もうとしている秋子が生まれてきていることを私は感じていた。私は、そうした彼女をサポートしたいと思い、ひとまず面接を終了することを了解した。秋子個人の心理面接へと導入をしないことは、彼女の問題解決への取り組みを中止することではなく、保留、延期とも考えられる。私は彼女に伝えた。彼女自身が取り組むべき問題がまだ残されているし、心理面接を利用する時機が訪れるだろうと。彼女もそれに頷いていた。

夫婦同席面接の終わりかけに、秋子は長男たちの結婚式の予約が取り消されたことを語った。あと残り三カ月後に控えた式を取りやめにして、しばらく結婚は延期にすると、長男から報告を受けたという。

「先生、でも延期であって中止ではないのですよ。周りの人はそのまま消滅して破談になるんじゃないかと言いますけどね。私はね、あの子たちはいつかはきっと結婚するんじゃないかって思っているんです。あの二人はわたしたちと似ているんです。男女逆ですけどね。だからね、そう思えるんです。でもこのまま三カ月後に結婚してしまったら、行く末は私たちみたいになってしまうかもしれませんよね。今は、式を急がずに少し立ちどまることも必要じゃないかって私は考えているんです。で、息子にそう言ったら、驚いていました。『母さんどうしたの？　変わったね。まるで、誰も人が乗っていないから動かないと思っていた車が、いきなりバックしてきたみたいだな～』なんて言ってましたよ」

そう言って、いたずらっぽく微笑む秋子の中に新たな彼女がいるのを私は感じていた。

# 第十章　大晦日《おおつごもり》——死に逝く者のかたわらに臨むこと

For The Good Times

長田　弘

それから、日が暮れてくるだろう。
空が　昏くなって、道行く人の
影は濃くなるだろう。
（略）
いちばん大きな、空の話をしよう。
どこかで、この大きな空は、地に触れる。
その場所の名を「終わり」という。
（略）

長田弘詩集『人はかつて樹だった』(1)より

## 暗闇の中で

黒い塊に呑み込まれた私の身体は分割され、渦になり暗闇の中に吸収されていく。

「母さん！」

大きな声で叫んだ。目覚めた私は泣いていた。何が哀しいのかよくわからないまま、ただ大声で泣いていた。自分の泣き声の振動で心がひび割れて裂けていくようだった。しかし、これは現実ではなく、夢だった。

※

静かな暗闇の中、遠くに除夜の鐘が聞こえる。透き通った空気の中を時間が黙って歩いていく。私は冷たい闇を見つめながら、以前に見た夢を思い出していた。その夢を見た頃は、まだ母は健在で、誰もが彼女の身体に癌細胞が住みついていることなど思いもよらなかった。

「正夢だったのだろうか」

母が逝ってから、早いもので半年以上の月日が経つ。その時見た夢のように、黒いトンネルの暗闇の向こう、赤銅色の炎の中へと母は消えた。そして、火葬された母は土となった。ふっと浮かんだ情景を打ち消すように、私は急いでシャッターを降ろし、窓を閉めた。今年の大みそかの夜は冷え込みが厳しい。細かい雪が舞い始めている。それから、私は、年末最後のクリニックの仕事納めの日のことを思い出した。今年の仕事納めは土曜日だった。診療受付は正午までで、診療が全て終了したら院内の一斉大掃除の予定になっていた。その日、すでに正午近くであった。五十代半ばくらいの男性が突然予約も無くやってきて、臨床心理士のカウンセリングをお願いしたいと受付で話をしていた。どうやらその男性がクライエントでもないらしい。カウンセリングを希望している本人は現在、内科の病院に入院しているという。クリニックでは、原則として予約なしの初診の受付はお断りをすることになっていた。しかし、今年最後の時間枠の予約がインフルエンザのためキャンセルされたので、私は、年末にしては珍しく少々時間の余裕があった。私は、受付の職員と交代して、この男性の話を聞くことを申し出た。

面接室に通されると、彼は白と黒が半々の分量のある前髪かきあげ、やつれた感じで肩を落としてソファに座った。彼は、田中和郎といった。そして、カウンセリングを希望しているのは、彼の妻の恵子だった。恵子は、悪性度の高いスキルス性の胃癌[2]で、現在内科の病院に入院していた。すでに癌は、かなりの速度で進行をしており、リンパ節はもとより膵臓、肝臓などにも転移をしていた。医師からは余命は三カ月を切っている状態と告げられており、彼女の命は最後の段階に来ていた。病気が明らかになり告知を受けたのは、今から半年ほど前のことだった。もともと恵子は、胃腸の調子がすぐれないと言いつつ、市販の胃薬を常用していた。しかし、スカートをワンサイズ下げて買い替えなくてはならないほど、痩せてしまったことで、職場の同僚に強く勧められ、重い腰をあげて内科を受診をした。もうその時には、すでに隣接臓器に転移をしていて、彼女の身体は手術が困難であった。癌は進行度によるⅠからⅣに分類されるが、彼女の場合、最終段階の病期であるステージⅣの状態にあった。

「近くに居ながら、私は特に気にも留めていなかったのです。もっと早く気がついていたらと……」

和郎の罪悪感の混じった眼が赤みを帯びていた。彼と恵子は大学時代からの付き合いで、大学院時代は化学の研究室で共に学び、それぞれ企業の研究職として就職をして、ほどなく結婚した。男の兄弟の中、紅一点で生まれ育った恵子は、さばさばした男勝りの性格だった。結婚後すぐに男の子を一人生むが、育休はとらず産休明けに職場復帰をして、研究一筋につっぱしって生きてきた。その長男が昨年大学に進学して家を出た。きっと恵子はさらに仕事に没頭していくだろうという和郎の予測は外れた。恵子が、少し仕事を減らして、趣味を持ちたいと言いだしたことに和郎は意外な気がしていたという。しかし、そんな矢先彼女は、自分の人生の残りの時間がわずかであることを知ることになった。告知を受けた当初の恵子は、落ち込みイライラしたり眠れないこともあったようだが、ほどなく落ち着きを取り戻した。

「わたし、臨床心理士の心理療法、カウンセリングが受けたいのよ」

そうもちかけられて、和郎は戸惑った。何しろ、彼は臨床心理士という職名を初めて知った。また、聞きなれない心理療法という言葉からは、新興宗教に近い怪しげなイメージしか湧かなかった。はじめのうちは和郎も、恵子の話をあまり気にも留めずに聞き流していた。彼女が通院している病院に臨床心理士はおらず、心理療法を受けるツールも用意はされていなかった。それで、彼女は知り合いへ問い合わせをし、かなり熱心に奔走した。そのうち、和郎も彼女が臨床心理士との出会いを探し求めていることを無視できなくなった。恵子は以前に関東に住む大学時代の友人から、夫の看取《みと》りの経験を聞いていた。癌に罹った夫がホスピスに入院して、心理士のカウンセリングを受けていた話がなぜか印象に残っていたようだ。遅ればせながら、和郎も「臨床心理士って知っているか？」という質問から始まり、いつのまにか、心理療法の機会を探索するようになっていた。

一九九〇年代半ばから、厚生労働省が終末期医療へ積極的な取り組みを見せ始め、緩和医療病棟の新設も増えてきている。また、在宅ホスピスに取り組む医療施設やスタッフも増えつつある。しかし、それは、日本全体の医療の中ではほんのわずかなことである。「悪性新生物」、いわゆる癌による死亡者数は年々増加しており、厚生労働省の統計によれば、二〇一〇年では約三五万人を記録し、[3]全死亡者数の約三〇%を占めている。「四人に一人」から「三人に一人」は癌で死ぬ時代へと突入しつつある。その一方で、届け出をしている緩和ケア施設の病床総数は、二〇一一年現在、全国で約四千五百床にすぎない（NPO法人日本ホスピス緩和ケア協会資料[4]）そして、その緩和医療施設の中で臨床心理士が医療スタッフに組み込まれている施設の割合はぐっと少なくなる。近頃は、大きな緩和医療施設の中で臨床心理士が重要な役割を担って活躍する姿が多く伝えられるようになってきた。しかし、彼らのケアを受けているのは日本全体の中では、ほんのわずかな人たちである。「臨床心理士」という名前すら知らない人たちはまだたくさんいる。そして、多くの人たちが、「治癒」をめざす急性期対象の一般病棟の片隅で、人生の完成の作業をすることはおろか、死を迎える前からすでに「死せる人」と化して、ひっそりと人生の幕を閉じている。人間はいつかは死を迎える存在である。「治癒」や「改善」だけが価値あるものではない。人の命に寄り添う「臨床」の仕事において、「死」を目前にしている人たちへのこころのケアをないがしろにしてよいはずがない。救う命もまた看取《みと》る命も、同じ人間の命である。

精神分析家ビオンはその著書『再考』[5]の中で、精神分析は、医療モデルの中の「治癒」や「改善」に縛られるべきではないとしている。そこから一歩外に出ることで、初めて人の心の真実を探求できるのだとして、治癒にこだわることに警告をしている。エビデンスの時代ともいえる昨今は、とりあえず「症状」が軽快するアプローチが重宝がられる時流があるように思う。症状が軽快することで人が幸せになる。もちろん、その意義を否定するわけではない。しかし、それればかりを追い求めることで、私たち人間は、いつのまにか真に大切なものを失いかねない。

さまざまな経緯を経て、やっと和郎は人づてに心理士がカウンセリングをやっているクリニックを探し当て、今日ここへやってきたという。しかし、ここに至る道は長過ぎた。すでに告知後半年を過ぎ、恵子の病状は悪化していた。告知直後は胃のむかつきを我慢すれば仕事もできる状態であった恵子であるが、あれよあれよという間に衰弱してしまい、今では自宅療養は難しく、入院生活に入っていた。彼女の「終わり」の時がひたひたと押し寄せてくる気配に、和郎はびくびくして日々を過ごしていた。和郎の話によれば、最近の恵子は、ほとんど口をきくこともなく、病院のベッドに横たわっていた。癌性疼痛に対して鎮痛薬モルヒネ製剤「ＭＳコンチン」と補助剤として抗うつ剤の処方、さらに嘔吐に対しての処置や点滴による栄養補給がなされていた。

和郎はすでに恵子は心理療法を受けるような状態ではないと思いつつ、今朝彼女のベッドサイドに寄ってきたという。彼が恵子の面接へのモチベーションを確認すると、彼女は小さな声で囁いた。

「和さん……お願い……するわ……」

和郎は判断をゆだねるかのように私をじっと見た。その二つの眼に涙が滲んでいた。私の脳裏に、亡母の闘病中の姿がよぎった。

「どこまでやれるかわかりませんが、伺う方向で話を進めてみましょう」

そう答えた私に、和郎は静かに頭を下げた。

## 自分の死を作るために

ナースステーションで、私と和郎は恵子の主治医を待っていた。内科病棟長でもある主治医との面談の約束の時間からすでに三〇分経っていた。看護師からは外来の診察が長引いているという説明を受けていた。和郎は疲れた表情で私を見た。

「三宅先生。やはり先生に訪問していただくという形は無理な話なのでしょうかね」

ここにこうして和郎と二人でやってくるのは三度目であった。別の医療施設である精神科クリニックに在籍する臨床心理士が他の医療機関へ訪問してカウンセリングをする。こうした申し出に内科医はよい顔をしなかった。提携している精神科クリニックがあるので、そちらの精神科医の往診ができるシステムは整っているし、現在抗うつ剤によるコントロールはうまくいっているという理由で、まずは断られた。さらに二回目の訪問でその内科医は怪訝《けげん》な顔でこう言った。

「臨床心理士ってなんですか？　だいたい、もう何かを話すような状態じゃないでしょう」

そして彼からは妥協案が出された。臨床心理士ではなく、精神科医もしくは看護師の訪問というわけにはいかないかという提案だった。恵子の主治医は、「臨床心理士」を医療従事者として認めていないようだった。大きな総合病院などでは、精神科が終末期医療の中に「リエゾン・コンサルテーション精神医学」として入りこみ、「臨床心理士」もまた精神科医を始めとするコ・メディカルの一員として認められ活躍をする時代になっている。しかし、大都市郊外の片田舎、精神科とは距離のある一般病院の医師たちは「臨床心理士」を仲間とは認めていない。そんな地域はまだまだたくさんある。今回の恵子の件に限らず、私がそれを痛感したのは初めてではない。

そして、三度目にして何とか道が開けた。一時間待ってやっと現れた医師に対して、和郎はテーブルに額をこすりつけて懇願した。さすがにこれには医師も驚いた。また、それ以上に医師の方も、多忙を極める中、再三再四やってこられて時間をつぶすことに辟易《へきえき》していたのかもしれない。彼はしぶしぶ私の訪問を認めた。しかし、恵子の余命は二カ月を切っていた。訪問という段取りにずいぶんな時間を費やしてしまった。あと残りの限られた短い時間で何ができるというのか。私は焦りを感じていた。私と和郎は、忙しそうな看護師に促されて部屋の外に出た。

「ガチャン」

扉が大きな音を立てた。

母、そして父と私。三人はケースカンファレス室の扉を開けた。二人の担当看護師が笑顔で迎えてくれた。テーブルに私たちが座るとすぐに母の主治医がやってきた。彼は簡単に挨拶をしてから、読影台にＣＴ撮影したフィルムを並べるように看護師に指示をした。

そもそも母は、かかりつけ医からの紹介でこの病院にやってきた。初診後、早速診断のためにいくつもの検査のスケジュールがたてられた。最初の一週間ほどの入院で、ＣＴやＭＲＩなどの画像診断、ファイバースコープを使用した気管支鏡検査で組織を採取する生検など多くの検査が実施された。診断に必要な一通りの検査が終了した後も、母はひき続き一週間ほど入院生活に留め置かれた。その間、「今後の治療に必要」と言われ、いくつかの検査が実施された。母は、今後の治療がいかなるものなのかもわからないまま、腎機能や心臓機能をチェックする検査などを忙しくこなした。そして検査が終了した頃に、主治医の診察が予定された。おおむね一〇分ぐらいの短い時間で、主治医から母に検査の結果が伝えられた。「肺癌の末期であること」から始まって「余命は約半年程度が予測される」という情報がいっきに伝達された。家族には全く事前に説明はなく、同席も設定されてはいなかった。あまりにも簡単になされたので、それが「告知」と名のつくものだとは、私たち家族は誰もしばらく信じられなかった。青ざめた硬い表情をした母は、自分の病気が肺癌であることと余命が幾ばくもないことに立ちすくんでいた。しばし頭がフリーズ状態になってしまった母は、末期癌であること以外に伝えられたはずの情報の多くを記憶から消してしまっていた。「告知」という名の暴力によって母自身も家族も打ちのめされていた。

それから、父や私が家族同席で再度説明を受ける機会を求め、その場が設定された。

「家族としても知っておきたいので、無理を言いました。よろしくお願いします」

私が頭を下げると、主治医は軽くうなづき、すぐに病名を告げるところから始めた。

「肺癌。種類は腺癌です、左肺野部に広がっているこの部位が原発巣であろうと思います」

黒く不気味に左肺の下部に芋虫のように横たわる悪魔。素人の目から見ても、明らかにはっきりとした黒い塊が肺の一部を占領していることが分かる。咳が三カ月以上も止まらず、ひどくなるばかりだった。一向に収まらない咳に不安を覚えた母は本当に風邪なのか？と繰り返し尋ねた。それに対して、近隣の内科クリニックの医師は「風邪をこじらせた」と説明を繰り返していた。そして、いたずらに感染症対応の抗生物質を出し続けていた。ほとんどその処方内容を替えることもしなかった。私の胸の奥に苦い思いが渦巻いていた。

主治医の説明は、一定のリズムで解説書を読み上げるがごとくに続いた。癌は胸膜にも浸潤し、骨や脳にも転移していた。さまざまな検査結果の数値が淡々と読み上げられた。私は母の顔を見た。母は黙って少し青ざめた表情で目の前のテーブルの一点を凝視していた。主治医の説明はさらに進んだ。読影台の肺の写真は手早くかたづけられて、脳の断層写真、骨髄の写真が置かれた。蛍光灯の光の中で不気味な灰色の影がいくつも映し出されていた。転移先である脳や骨の病巣についての説明が要領よく続いた。そして途切れることなく、抗癌剤による化学療法の説明がされていった。

「母に投薬する予定の薬はいったい何という名前で、どのような効果が期待できるものなのですか?」

その問いに対しての主治医の答えに、私は思わず耳を疑った。

「私も薬品名は知らされていません。製薬会社のほうが割振りをします。二種類の薬のうちどちらかになりますが、バイアスがかからないように私にも知らされていません」

私は喉の辺りで、空気が逆流するような圧迫感を感じた。

「主治医の先生もご存知の無い薬を……ですか?」

「バイアスが入ったらデータとしてはよくありません。いずれにしてもこの方の腫瘍を完全に消し去る抗癌剤は現在の医学では存在しません。現段階でこの方に有効な薬など何もないのです。根治は不可能な状態です。まあ、この新薬が多少効いて、万に一つでも癌が二、三割でも小さくなれば儲けものでしょう。そうしたら少しは延命が期待できますよ」

これはいわゆる二重盲検試験といわれるものだった。新薬の効果を検討するために、患者自身にも、投与する医師にも薬の名前を知らせないというダブルブラインドによる試験を実施する。こうすることで先入観に左右されない薬の有効性を確認しようとするものである。また、データーが国際的な場でも評価されるためには、癌の告知がなされ治験の同意書をとっていることが必要条件のようだった。

主治医にとって母は、大切な「データ」の一つだった。母は静かにうつむいていた。私からは彼女の表情が見えなかった。

一通りの説明を終えた主治医は、時計を一瞥すると忙しそうに書類をまとめた。そして黙って二人の看護師に目で何かを指示した。それから立ち上がって言った。

「後の書類は看護師の方から説明を受けてください。万事スムースに進みますから」

私は、彼の言葉の意味がすぐに理解できなかった。横から看護師が治験のための書類を数枚差し出し、母本人と家族の署名と捺印の箇所を鉛筆で囲った。

製薬会社が機械的に割振る、名も知らぬ抗癌剤を母に投与することは、すでに決定事項であるかのようだった。少しイラついた様子で部屋を出て行こうとする主治医を私は呼び止めた。

「先生、一つだけ教えてください」

主治医はまだ何かあるのか？という表情で振り向き、私を見た。

「先生にも産んでくださったお母様がおられると思います。そのお母様が、もし、この、私の母と同じような状態であったとしたら、やはり同じような手筈で、この薬の投与を進めようと思われますか？」

主治医は私の目から視線を反らした。それはまぎれもない彼の答えだった。しかし彼は少し間を置いて、ドアの方を向いてこう言った。

「もちろんです。これが最善の方法です」

そして彼は、もう私の顔も母の顔も見ることはなく、足早にドアの向こうに消えていった。

主治医が退出すると急いで看護師たちは書類の作成に取りかかろうとした。

「何も考えずに先生のおっしゃるとおりにすれば大丈夫です。すべてスムースに進みますから、安心してください」と彼女たちはやさしく微笑み、母の前に何種類もの書類を置いた。治験同意書、入院申込書、等々。引き続き入院を継続して、抗癌剤投与の準備をすすめていく。そのための説明が始まった。先だってすでにいくつかの検査は行われているという。診断のための検査入院から抗癌剤投与のための入院へと、立ち止まる隙間もなく移行がなされようとしていた。

「サインはしません。すぐに退院の手続きをしてください」

驚いている看護師たちを残し、私たちはその部屋を出て、荷物をまとめた。そして、母は家に戻った。

柳田邦男は生と死をテーマとして、特に終末期の医療についても、多くの作品を生み出しているノンフィクション作家である。彼によれば、現代は、「死を自分で作らないと人生を完成することのできない時代」[6]であるとされ、現代の終末期医療状況の問題点を指摘している。


「やはり自分の生きてきた意味と今いる意味の意味づけに納得できる方たちは、旅立つことについての納得もできるような感じがする」

（柳田邦男×山崎章郎『対談集「いのちの言葉」[7]』三輪書房より）

「何も考えないこと」が最善であるという「医療」の中では、そんな納得は手に入れることはできないだろう。

## 無駄ではない

恵子の病室への訪問心理カウンセリングについて、主治医の了解が得られた後、すぐ翌日から恵子のベッドサイドへの私の訪問が始まった。

週一回病室に訪れて三〇分ほどの時間をすごすことになった。積極的に治癒をめざす治療がなされているわけではないが、病院には細々としたスケジュールがあり、看護師が頻繁に出入りをした。その狭間でまとまった時間を確保するのは簡単ではなかった。すでに彼女はベッドから起き上がることができない状態だったので、病室以外の部屋を面接室として使うこともままならなかった。しかしそれ以上に私に無力感をもたらしたのは、恵子はかなり衰弱をしていて、ほとんど会話らしい会話を持つことが難しい状態であったことだ。

「もう少し早い段階で、こうした時間を持つことができていれば、もっと意味のあるやり取りができたのではないだろうか」

かすかに目を開けたり閉じたりしながら、時折「うう……」という声を発するだけの彼女の姿を、私はベッドサイドでただ見守っていた。和郎から聞いたわずかな情報を頼りに、目の前にいる恵子を見つめ、彼女の人生の歴史を思いめぐらしていた。彼女がどんな少女時代を過ごし、どのように大人になり、今に至ったのか。日々どんな生活を送り、何を夢見て生きてきたのか。私は唯ひとり、思いついたことを恵子に語りかけていた。

私の空想に対しての彼女の返事はなく、また実際はどうであったのか照合することもできなかった。私はただ好き勝手に彼女について考え、夢想し、独り言をつぶやいていた。私は時折、自分のやっていることが無駄な事のようにも思え、訪問の継続を迷うこともあった。

そして、私はいつも帰りがけに恵子に問いかけた。

「来週も来る予定ですが……いいですか？」

毎回、恵子は乾燥した唇を少し震わせて、こくりとうなずいてくれていた。

私は挨拶をして病室を出ると、しばらく廊下を歩きエレベーターに向かった。

「田中さん、全くお話しできないでしょう。あんな風でカウンセリングって、どうやってやるのです？」

何と答えたらいいのか困って苦笑いをしていると、ランプが点滅してエレベーターが開いた。

「ああ。ごめんなさい。失礼します」

看護師は立ち去り、私は重い足取りでエレベーターに乗った。

エレベーターが開いた。

母が入院して一カ月以上経つ。私は毎日というわけにはいかなかったが、できるだけ母の病室に顔を出すようにしていた。エレベーターから降り、廊下へと一歩足を踏み入れると、正面に詰所が見える。今日は誰かが退院したらしい。しばらく病室を飾っていたお見舞いの花を自宅に持ち帰るのも大変なので、詰所に置いていく人が多い。いつになくガラス越しにはなやかな季節の花が満開に咲いている。抗癌剤の治験を断った後、緩和ケアを重視しているという医師に主治医をお願いし、母は新たな闘病生活をスタートさせた。咳や痰がよく出るという以外に、日常生活に支障をきたす症状もこれといってなかったので、外来通院をしながら、しばらく在宅で過ごしていた。しかし、少しずつ確実に癌は母の身体をむしばみ、数カ月後には呼吸困難を訴え入院することになった。人工呼吸器は付けず、酸素吸入と鎮静剤の点滴で幾分母の苦痛は改善されていた。見舞いに来る私に母は憎まれ口をよく言った。

「あんたが来たって私の病気が治るわけじゃないさ。白衣を着て、人様の生死に関わる仕事をしている者が、親の死に目に会おうだなんて思っていてはいけない。そんなのは、プロじゃない、一人前とは言えないね」

若い頃、母は看護師をしていた。外科の手術に立ち会い、絶妙なタイミングでメスを渡す。私は幼い頃、そんな話をよく聞いた。遠い昔にすでに看護職を退いていたが、その頃が母の輝いていた時代だったのかもしれない。己の全てを脇に置いて、ただひたすら患者のかたわらに立ち臨むこと。それが、その輝いていた頃の母の精神の軸であったのかもしれない。

人生の最終章を創るという作業、これは一体どのように完成することができるのだろうか。いわゆる癌闘病記といえる本がいくつも出版されている。また、ノンフェクションのドキュメントものとして、人生の最後を病気と闘い自らの生を生き抜いた記録がつづられている。人生の最後の土壇場で、素晴らしい作品を作り、大きな仕事を成し遂げる。しかし、そんなことが誰にでもできるわけではない。また、母にも、これという目標や特別な才能があるわけではなかった。

柳田は、『言葉の力、生きる力』(8)（新潮社）の中で、「人生の完成への支援」についてこう書いている。

「多くの人は、死を間近に意識した時、少年が大事なガラス玉をポケットに忍ばせておくように、自分だけの小さな願い事を抱くものである。『故郷の山をもう一度見たい』『家族全員で写真が撮りたい』（略）さまざまである」

そして、自分にとってのガラス玉が明確に見つからない場合でも、「人生を一つの物語として総まとめすることができ、それによって楽しかったことも辛かったことも全てを含んだ自分の人生に納得すること」を支援することが大切であると伝えている。

入院後小康状態を保っていたので、母は再び退院した。呼吸困難への対処として液化酸素を充填した酸素ボンベを携帯して、自宅で過ごすことになる。しかし、このささやかな平和な時間は長くは続くかなかった。母の容態はある時急激に悪化した。両肺は癌細胞によって壊滅的な状態に追い込まれていた。酸素ボンベからの酸素吸入では追いつかず、ひどく呼吸困難な状態に陥った。主治医に問い合わせると、胸膜や胸腔内に胸水がたまっていることが予測されるので、すぐ病院に戻り、胸にたまった水を抜く処置が必要であると言われた。

「自分の人生の意味づけは、大それたことだけでなく、日常的な、細やかな、自分の生活や人生の延長線上にある、自然な物事であって十分だ」

（柳田邦男『死の医学への日記』[9]新潮社より）

再び家から病院へ戻る時のことだ。母は小枝のように細くなった足で立ち上がり、柱にもたれて全身を使って呼吸をしていた。そして、ゆっくりと家の中を見渡した。柱の傷、壁のシミ。一つ一つゆっくりと確認するように見つめて頷いていた。母は自力で階段を下りると言い、私たちの手を払いのけた。たった十五段ほどの階段であった。病のためにか弱くなり、筋肉がほとんどついていない足はがくがくと震えていた。母は、一段一段ゆっくりと、手すりに寄りかかりながら体を動かした。一段ごとに全身で喘ぐように息をした。しばらくじっとして息を整え、それからまた全身の力を振り絞った。そして母は、一時間ほどの時間をかけて、ようやく十五段の階段を自力で下りた。それを私たち家族は、かたわらで見守った。母はもう二度とこの家に自分が戻ってくることはないだろうと覚悟をしているようだった。

延命という視点からすれば、こんなことでいたずらに体力を消耗し、心臓機能に負担をかけることは馬鹿らしく、無駄なことだろう。どれだけ長く生きたかという数字が評価されるのであれば、これは愚かな行為とされるだろう。

しかし母にとってこれは、人生の総まとめに必要な、小さなガラス玉だった。

森には、何一つ、
余分なものがない。
何一つ、むだなものがない。

人生も、おなじだ。
何一つ、余分なものがない。
むだなものがない。

やがて、とある日、
黙って森を出てゆくもののように、
わたしたちは逝くだろう。
長田弘『人生は森のなかの一日』(10)より

## 涙を流す

その日も恵子はいつものように目を閉じて静かに横になっていた。告知を受けた推定余命は過ぎ、一カ月を超えていた。

「恵子さん、思い残すこと、最後にこれだけはやっておきたいと思っていることってあるのかしら」

それは、私のモノローグのはずだった。しかし、恵子の目が微かに開いた。そして、一滴涙がこぼれた。さらに次から次へと涙があふれた。いくつもの光る粒が恵子の頬を伝った。泉は枯れてはいなかった。何かが堰を切って流れ出した。私は、不思議な衝撃を感じていた。私が思いめぐらし言葉にし続けた営みは、無言で横たわる彼女の心を包み込み、精神分析家ビオンが名付けたようなコンテイナーの機能を持っていたのかもしれない。

そしてその翌週にまた私が訪れると、今度は珍しく恵子は目を開けていた。私が挨拶をしていつもの椅子に腰かけると、恵子の小さな声が口から零《こぼ》れた。

「い、つも……あ、り、が……とう」

私は驚いてすぐに返答ができずにいた。すると恵子は続けて言った。

「わ、た、しね。女の、子、が、欲しかった、の、ね」

所々かすれて聞き取れない所もあった。小さな囁くような声に私は耳を近づけた。何も話せないはずの恵子が話をしていた。一言も聞き漏らすまい。私は、耳をそして心を傾けた。恵子は男兄弟の中、一人の女の子として生まれたので、兄弟たちに追従するように行動し、元気で勝気な女の子として振る舞ってきた。しかし、今振り返ってみると、本当はもっと女の子らしい遊びをしたり、母に甘えて他愛もないおしゃべりをする時間を持ちたかったように思う。自分が産んだ子も男の子だけで、自分自身も仕事に没頭もしていたので、結局母としても何か今一つ充足感がないまま生きてきてしまったことを後悔している。まとめてみれば、そんな趣旨の話であった。私は恵子の話を聞きながら、恵子の母になり、恵子の幻の愛娘になり、また恵子自身になっているような気持ちにさせられていた。私の頭の中では、時間軸に沿って、恵子の人生の歴史をめぐっての空想が駆け抜けていった。この時間と空間で起きていたことは、「転移・逆転移」という言葉で説明できるような類のことだったのかもしれない。

そして、いつものように終了時刻になった。時間にしてみれば、さほど長いわけではなかったが、彼女の体力はずいぶん消耗されたように見受けられた。私が挨拶をして帰る時、恵子に呼びとめられて振り返った。

「み、やけ、さん。……今日、お、話し、で、きて、よかった、わ……」

恵子はうっすら穏やかな笑みを浮かべていた。

「また、来週、来ます」

そう言って私はドアの方へ数歩歩いた。しかしドアのノブに手をやった所で、私は再び振り返って恵子の方を見た。恵子は目を閉じて、静かに眠っているようだった。しかしながら、恵子と私との時間はこれが最後となった。次の約束の日を迎える前に、恵子は昏睡状態に陥り、外来者の面会にはドクターストップがかかった。数日後、恵子は逝った。


「死にゆく人は垂直の力の中にある。心は天に、体は重力で地に向かう。もうひとりの人がそばにいると、二つの物体の間に引きあう水平の力が生まれる。垂直の力の中に水平の力が加わると、死は温かい」

(徳永進『心のくすり箱』(11) 岩波書店より)


めずらしく晴れ渡り、雲ひとつない日だった。食べるのは難しいかもしれないと思いつつ私はフルーツを持参した。母はそれを二、三切れ口に入れた。ここしばらく、唾液の分泌もうまくいかない母は、口当たりのいい流動食以外の食べ物を呑み込むことができない日が続いていた。主治医から家族には、いつ臨終の時が来てもおかしくない状態であるという説明がされていた。それにしても今日の母は顔色がよい。母が癌に罹っているなんて、私は悪夢をずいぶん長く見ていたのではないか。そんな錯覚に陥りそうだった。私は、まるで、外出前に忘れ物はないか？　と聞くような気軽さで、母に問いかけていた。

「母さん。まだ、やっておきたかったことってあるの？」

母もまた明るい調子で、あれこれと楽しそうに思いめぐらした。そして大きく息をついた。

「どうしても、と言われたら、ないね。どうしてもやっておきたいこと。思いつかないね。……ということは、まずまず満足しているということかね」

そう言って母は笑い、続けた。

「だけどね。あんたはゆっくり来なさいね。自分がこの世に生まれたかぎりには、これだけはやり遂げようと思う仕事をしっかりやってから来るんだよ。あの世で、いい席をとっておいてあげるから、安心してゆっくりおいで。慌ててきたら、三途の川で追い返すからね」

あまりにも元気そうな母の表情から、私は、彼女が深刻な状況にあることも一時忘れ、遠い過去に時間が巻き戻されたように感じられていた。そして、子どものように応えた。

「ええ?!　いい席取っておいてくれるの?」

「わたしが席取りのうまいこと知っているだろう。先に行って、とびきりいい席取っておくよ」

その瞬間、羽化して蛹《さなぎ》から出てきた揚羽蝶の姿が母の姿と重なって見えた。まだ濡れている薄い透明な翅《はね》をゆっくりと広げ、それから青空に飛び立っていった蝶の姿。私は背中にひんやりとした感覚を感じ、立ち上がった。そして、病院地下にあるコインランドリーへ行くと言って病室を出た。

母は、すぐ目の前に「終わり」の時が近付いていることを知っていたのかもしれない。それは、燃え尽きる前に炎が一瞬明るさを増すようなひとときであった。その日の夜、母の容態は急変した。私や家族が病室に駆けつけた時は、臨終直後で、医師が瞳孔反射を確認していた。私は母の手を握った。まだ柔らかく温かいぬくもりがあった。家族はそれぞれに母に語りかけていた。すると、亡くなった母の目から一粒の涙がこぼれた。家族全員がどよめいた。

山崎章郎は、『病院で死ぬということ』[12]をはじめとする多くの著書で、ホスピスを舞台としたドラマを描いている。そこでは、他の臓器が停止した後も、人の聴覚は最後まで生きている事が書かれている。心停止、呼吸も止まった母の耳に、私たちの別れの言葉が届いていたということだろうか。母の涙は、何を意味するのか。母は何を言いたかったのか。母は、これだけはということをやり遂げ、自分の人生を本当に完成し逝く事ができたのか。いろいろな思いが私の中に廻った。

初夏のさわやかな日、和郎がクリニックに立ち寄った。恵子の四十九日の法要を済ませたことを報告にやってきた彼は、少し憂いはあるが、穏やかな温かい表情をしていた。私はクリニックの玄関で和郎を見送った後、外に出て見た。見上げると、晴れやかな青い空が広がっていた。どこからか揚羽蝶が一匹飛んできた。そして私の頭の上でくるりと一周回って、遠い青空に向かって飛んで行った。その蝶の行く方を私はしばらく眺めていた。

# あとがき

目を閉じる。するとそこに、さまざまな場面が映る。その現場である精神科クリニックの常勤職を、私は昨春に辞した。このクリニックは今や診療方針の変更がなされ、心理療法を中心にした診療体制にはない。私は、退職の際にその十八年間の仕事を振り返り、百ケースあまりのカルテや心理療法の記録を読み返した。それは私が臨床家として出会った人たちのほんの一握りに過ぎない。顧みれば、多くの患者さんがつむいだこころの仕事はとても奥深いものだ。新たな場で歩み始めたとはいえ、そこでの経験を心の片隅で風化させることを忍びなく思い、私は書き始めた。何かに憑かれたように書き、おおむね十月十日で、この原稿を産み落とした。

原稿が完成して改めて感じるのは、貴重な場に立ち会う機会を授け、その営みを通して臨床家としての私に多くの学びを与えてくれた患者さんたちへの深い感謝である。また、私が自由に創造的に精神分析的な心理療法に従事できたのは、実践の場を与えてくださった精神科医吉田光男先生の柔軟な包容機能のおかげであり、改めてお礼を申し上げたい。のみならず、日々その脇を固めるクリニックのスタッフの方々の存在はとても心強く、彼らの汗と臨床魂に深く敬意を表したい。

私は、実に多くの方によって、臨床家として鍛えられ、導かれ、育てられた。一人ずつお名前を挙げてお礼を申し上げるには、もう一冊本ができてしまうほど紙面が必要である。残念ながらこの場では十分な意をお伝えできない。ここでは、私の臨床にとりわけ大きな影響を与えてくださった数名の先生のお名前を挙げ、感謝の意を示したい。駆け出しの頃からお世話になっている渡辺雄三先生からは、臨床のこころと臨床家がものを書くということの意味を教えていただいた。また、成田善弘先生のご指導を通して私は精神分析的な理論を目前の患者のために生かす姿勢を学んだ。そして、木部則雄先生のスーパービジョンの中で、私は対象関係論やクライン派児童分析の魅力に出会うことができた。師のみならず、私は多くの仲間や研修の場にも恵まれた。名古屋の「病院心理療法研究会」の仲間の励ましや、小泉規実男先生を始めとする「東海・中部精神分析セミナー」のメンバーからの刺激は、大きな力となった。バイジーの方からの素朴な問いかけからも有益な手がかりを得た。こうして多くの方から、ありがたくも頂いた栄養がこの本を生みだす土壌になっている。

加えて、家族の助けを抜きにはできない。特に夫は、心理臨床に奮闘する私の日常を支え、今回の原稿に対しても多くの示唆を与えてくれた。彼の十八年間の支援なくして、仕事の継続も本稿の完成もなかったと思う。

少々個性的な面立ちで産まれたこの原稿を何とか社会化させたいという私の切なる願いを、遠見書房 山内俊介氏が快く受け入れてくださった。そして、鮮やかな手際でその臍の緒を切り落とし、丁寧かつ迅速に出版へと導いてくださったことに、心から感謝の意を伝えたい。また、成田先生には始歩を支える序文をいただき、ここで改めてお礼を申し上げたい。

今、私の身を離れてひとりで歩き出したこの本が、読者のもとで新たな意味を付与され、さらに大きく成長することを願ってやまない。

二〇一二年　亡き母の墓前に捧ぐ　三宅朝子

亡要因率.
4）NPO法人日本ホスピス緩和ケア協会（2011）緩和ケア病棟入院料届出受理施設一覧.
5）ビオン Bion, W.R. (1967) Second Thoughts.（松木邦裕監訳・中川慎一郎訳（2007）再考：精神病の精神分析論. 金剛出版.）
6）柳田邦男（1996）死の変容. 岩波書店.
7）柳田邦男（2005）いのちの言葉. 三輪書房.
8）柳田邦男（2002）言葉の力，生きる力. 新潮社.
9）柳田邦男（1996）「死の医学」への日記. 新潮社.
10）長田弘（2010）人生は森のなかの一日—詩ふたつ. クレヨンハウス.
11）徳永進（1996）心のくすり箱. 岩波書店.
12）山崎章郎（1990）病院で死ぬということ. 主婦の友社.

分析—その技法と理論．岩崎学術出版社.）
4）松木邦裕（1996）対象関係論を学ぶ—クライン派精神分析入門．岩崎学術出版社.
5）加藤久仁生・絵 平田研也・文（2008）つみきのいえ．白泉社.
6）フロイト Freud, S. (1905) Three Essays on the Theory of Sexuality.（懸田克躬訳（1969）性に関する三つの論文．In：フロイト著作集５．人文書院.）
7）フロイト Freud, S. (1905) On Psychotherapy.（小此木啓吾訳（1983）精神療法について．In：フロイト著作集９．人文書院.）
8）ブロス Blos, P. (1962) On Adolescence.（野沢栄司訳（1971）青年期の精神医学．誠信書房.）
9）橋本雅雄（1983）中年期の発達課題と精神療法：早期幼年期と青年期の再構成．精神分析学研究 27 (3); 127-135.
10）シーガル Segal, H. (1973) Introduction to the work of Melanie Klein.（岩崎徹也（2000）メラニー・クライン入門．岩崎学術出版社.）
11）成田善弘（2004）喪失と創造の間（中年期）．In：松島恭子編：臨床実践からみるライフサイクルの心理療法．創元社，pp.186-203.）

第９章
1）吉野弘（2003）二人が睦まじくいるためには．童話屋.
2）ローレンツ Lorenz, K.Z. (1963) Er redete mit dem Vieh den Vögeln und den Fischen.（日高敏隆訳（2006）ソロモンの指環：動物行動学入門．早川書房.）
3）松木邦裕（2009）精神分析体験：ビオンの宇宙．岩崎学術出版社.
4）ハフシ・メッド（2004）「愚かさ」の精神分析．ナカニシヤ出版.
5）ビィリィ Willi, J. (1975) Die Zweierbeziehung.（中野良平訳（1985）夫婦関係の精神分析．法政大学出版会.）
6）李白（2001）秋浦の歌．In：松浦友久編訳：李白詩選．岩波書店.
7）「新編国歌大観」編集委員会（1990）朝霜 亜槐集 飛鳥井雅親著．角川書店.

第 10 章
1）長田弘（2006）人はかつて樹だった．みすず書房.
2）日本医学ジャーナリスト協会編，国立がんセンター監修（2004）あなたのためのがん用語辞典．文藝春秋.
3）厚生労働省（2011）人口動態統計（確定数）の概況，平成 22 年度死

4）村上春樹（1995）ねじまき鳥クロニクル．新潮社．
5）松木邦裕（2009）精神分析体験：ビオンの宇宙．岩崎学術出版社．
6）飛谷渉（2009）アドレッセント過程におけるコンテイニング．精神分析研究 53 (4); pp.397-404.

第6章．
1）水無田気流（2005）音速平和．思潮社．
2）松木邦裕（2000）精神病というこころ．新曜社．
3）村上鬼城（千代田葛彦編）（1995）定本 村上鬼城句集（昭和の名句集 100 冊）．梅里書房．
4）ビオン Bion, W.R. (1967) Second Thoughts.（松木邦裕監訳・中川慎一郎訳（2007）再考：精神病の精神分析論．金剛出版．）
5）ビオン Bion, W.R. (1959) Attacks on Linking.（中川慎一郎訳（1993）連結することへの攻撃．In：メラニー・クライン・トゥデイ①．岩崎学術出版社．）
6）松木邦裕（2008）精神病の精神分析的アプローチ—その実際と今日的意義．金剛出版．
7）松木邦裕（2009）精神分析体験：ビオンの宇宙．岩崎学術出版社．

第7章．
1）高田敏子（2011）水のこころ．新しい国語5年教科書．東京書籍．
2）ウィニコット Winnicott, D.W. (1965) The Maturational Processes and the Facilitating Environment.（牛島定信訳（1997）情緒発達の精神分析理論．岩崎学術出版社．）
3）平井正三（2011）精神分析的心理療法と象徴化．岩崎学術出版社．
4）松木邦裕（2009）精神分析体験：ビオンの宇宙．岩崎学術出版社．
5）木部則雄（2006）こどもの精神分析—クライン派・対象関係論からのアプローチ．岩崎学術出版社．
6）三宅朝子（1999）本当の自己を抱えること．In：渡辺雄三編：仕事としての心理療法（第1章）．人文書院，pp.29-48.

第8章．
1）新川和江（1997）新川和江詩集「わたしを束ねないで」．童話屋．
2）乾吉祐（1982）治療的退行．In：小此木啓吾ほか編：精神分析の治療機序（精神分析セミナー第2巻）．岩崎学術出版社．
3）ライヒ Reich, W. (1933) Charakteranalyse.（小此木啓吾（1966）性格

12）三宅朝子（2007）精神科クリニックで働くために．In：渡辺雄三・総田純次編：臨床心理学にとっての精神科臨床（第 10 章その２）．人文書院，pp.275-283.

第３章

１）ブラウン Brown, M.W.（2001）たいせつなこと．フレーベル館．
２）クライン Klein, M. (1955) The Psycho-analytic Play Technique.（渡辺久子訳（1985）精神分析的遊戯技法―その歴史と意義．In：メラニー・クライン著作集 第４巻：妄想的・分裂的世界．誠信書房．）
３）アンナ・フロイト Freud, A. (1946) The Psychoanalytical Treatment of the Children.（北見芳雄・佐藤紀子訳（1961）児童分析―教育と精神分析療法入門．誠信書房．）
４）クライン Klein, M. (1927) Symposium on Child-analysis.（遠矢尋樹訳（1983）児童分析に関するシンポジウム．In：メラニー・クライン著作集 第１巻．誠信書房．）
５）バートン Burton, V. L. (1964) せいめいのれきし―地球上にせいめいがうまれたときからいままでのおはなし．岩波書店．

第４章

１）八木重吉（1988）八木重吉詩集．思潮社．
２）小此木啓吾編（1983）フロイトの治療技法論（精神分析セミナー第３巻）．岩崎学術出版社．
３）ウィニコット Winnicott, D.W. (1951) Transitional object and transitional phenomena.（橋本雅雄訳（1979）移行対象と移行現象．In：遊ぶことと現実．岩崎学術出版社．）
４）クライン Klein, M. (1945) The Oedipus complex in the light of early anxieties.（牛島定信訳（1983）早期不安に照らしてみたエディプス・コンプレックス．In：メラニー・クライン著作集３巻．誠信書房．）
５）細川景一（1987）白馬蘆花に入る―禅語に学ぶ生き方．禅文化研究所．
６）河合隼雄（1986）心理療法論考．新曜社．

第５章

１）谷川俊太郎（2007）谷川俊太郎詩集「私」．思潮社．
２）小此木啓吾編（1985）発達とライフサイクルの観点（精神分析セミナー第５巻）．岩崎学術出版社．
３）細澤仁（2008）解離性障害の治療技法．みすず書房．

# 文　献

第１章
１）松井啓子（1983）のどを猫でいっぱいにして．思潮社．
２）松木邦裕（2008）摂食障害というこころ．新曜社．
３）松木邦裕編（2009）摂食障害の精神分析的アプローチ―病理の理解と心理療法の実際．金剛出版．
４）アンデルセン（2005）アンデルセン童話集．新書館．
５）エスター・ビック Bick, E. (1968) The Experience of the Skin in Early Object-relations.（松木邦裕監訳（1993）早期対象関係における皮膚の体験．In：メラニー・クライン トゥデイ②．岩崎学術出版社．）
６）木部則雄（2006）こどもの精神分析―クライン派・対象関係論からのアプローチ．岩崎学術出版社．
７）岩井保（1976）魚の国の驚異．朝日新聞社．

第２章
１）小川三郎（2005）永遠へと続く午後の直中．思潮社．
２）クライン Klein, M. (1955) The Psycho-analytic Play Technique.（渡辺久子訳（1985）精神分析的遊戯技法―その歴史と意義．In：メラニー・クライン著作集 第４巻：妄想的・分裂的世界．誠信書房．）
３）木部則雄（2006）こどもの精神分析―クライン派・対象関係論からのアプローチ．岩崎学術出版社．
４）平井正三（2009）子どもの精神分析的心理療法の経験．金剛出版．
５）鵜飼奈津子（2010）子どもの精神分析的心理療法の基本．誠信書房．
６）メルツァー Meltzer, D. (1967) The Psycho-analytical Process.（松木邦裕監訳・飛谷渉訳（2010）精神分析過程．金剛出版．）
７）エスター・ビック Bick, E. (1962) Child Analysis Today. International Journal of Psycho-Analysis, 43.（松木邦裕監訳（2000）今日の子どもの分析．In：メラニー・クライン トゥデイ③．岩崎学術出版社．）
８）ビオン Bion, W.R. (1962) Learning from Experience.（福本修訳（1999）経験から学ぶこと：精神分析の方法Ⅰ．法政大学出版局．）
９）クラメール Cramer, B.G. (1989) Profession Bébé.（小此木啓吾訳（1994）ママと赤ちゃんの心理療法．朝日新聞社．）
10）ダリ Dalí, S. (1989) わが秘められた生涯．新潮社．
11）ゴッホ van Gogh, V. (1992) ゴッホの手紙：テオドル宛．岩波書店．

著者略歴

三宅朝子（みやけ・あさこ）

愛知県生まれ，臨床心理士，公認心理師，日本精神分析学会認定心理療法士

1988 年　名古屋大学大学院教育学研究科博士前期課程修了
医療法人資生会　八事病院（常勤）

1992 年　医療法人秋桜会　吉田クリニック（常勤，心理療法室主任）
名古屋大学医療技術短期大学部　非常勤講師などを兼任

2011 年～　私設心理相談室 あさ心理室　開設（現在）
金城学院大学，中京大学大学院などの非常勤講師，日本福祉大学の嘱託研究員などを兼任（現在）

【著書】

「仕事としての心理療法」（共著，人文書院，1999），「臨床心理学にとっての精神科臨床—臨床の現場から学ぶ」（共著，人文書院，2007），「クライエントと臨床心理士」（共著，金剛出版，2016）

【主要論文】

「治療者交代についての一考察—ある境界例女性の事例を通して」（心理臨床学研究 16 (3), 1998），「疾病恐怖，引きこもりの青年男性の心理療法過程」（精神分析研究 45 (4), 2001）

著者の心理相談室　あさ心理室：http://asakokoro.com/


物語《ものがたり》がつむぐ心理臨床《しんりりんしょう》——こころの花《はな》に水《みず》をやる仕事《しごと》

［オンデマンド版］

2012 年 11 月 22 日　第 1 版　第 1 刷
2019 年 10 月 10 日　OD 版　第 1 刷
2023 年 4 月 30 日　OD 版　第 2 刷

著　者　三宅朝子《みやけあさこ》
発行人　山内俊介
発行所　遠見書房

遠見書房
〒 181-0001 東京都三鷹市井の頭 2-28-16
TEL 0422-26-6711　FAX 050-3488-3894
tomi@tomishobo.com　https://tomishobo.com
遠見書房の書店　https://tomishobo.stores.jp/

ISBN978-4-86616-096-2　C3011